경계선 지능 아동 · 청소년을 위한

느린 학습자 인지훈련 프로그램 ①

작업기억 · 기억력 · 행동억제 · 집행력

박현숙 저

학지사

이 책은 경계선 지적 기능 아동·청소년의 인지기능과 기초학습 능력 증진, 사회성 발달을 위한 매뉴얼이다. 『정신장애 진단 및 통계편람(제4판)』(DSM-IV)에 따르면 경계선 지적 기능은 'IQ 71~84에 해당하며 지속적인 관심을 가지고 주의해야 할 발달장애군'이다. 경계선 지적 기능은 임상적인 도움을 필요로 하지만 지적 장애에는 포함되지 않는 V코드에 해당하여 장애로 분류되지는 않는다.

지능의 정규분포곡선에 따르면 경계선 지적 기능의 출현율은 전체 인구의 13.59%에 해당하지만, 장애로 분류되지 않기 때문에 이에 대한 관심이 매우 적어 관련된 연구와 정책 마련이 미비하다. 그러나 교육현장과 양육시설, 지역아동센터 등의 기관, 심지어 일반 가정 내에서도 경계선 지적 기능 아동·청소년 양육과 교육에 대해 어려움을 호소하는 것을 쉽게 볼 수 있다. 이러한 어려움에 대한 호소 중에서 가장 큰 것은 관련 정보에 대한 접근이 어렵고 대상아동에 특화된 프로그램의 부재로 인해 개입이 힘들다는 점이다. 관련 정보에 대한 접근이 쉽지 않은 이유는 높은 출현율에도 불구하고 경계선 지적 기능이 장애로 분류되지 않아 실행 연구가 드물고 알려진 정보도 매우 적기 때문이다. 연구나 교육을 통해 알려진 정보가 적기 때문에 대상에 특화된 프로그램을 구성할 수 없고, 도움을 필요로 하는 대상이 산적해 있음에도 조기개입과 적절한 개입이 매우 어렵다. 이에 저자는 경계선 지적 기능 아동·청소년에 특화된 인지·학습 능력 증진을 위한 매뉴얼을 제작했다.

경계선 지적 기능 아동·청소년의 인지기능과 학업 능력의 증진을 위한 『느린 학습자 인지훈련 프로그램』에서 다루고 있는 기술은 작업기억, 기억력, 행동억제, 집행력, 청각적 주의력과 시각적 주의력, 언어적 사고력, 수학적 사고력이다. 이 프로그램은 각 기술 요소를 개선하는 데 필요한 활동을 포함하고 있으며 지적 기능의 경계선 수준부터 활용 가능하도록 수준별로 제작하여 대상 아동·청소년의 지적 수준과 흥미에 따라 적합한 난이도의 활동지를 선택적으로 사용할 수 있다. 또한 각 기관이나 가정의 상황, 아동·청소년의 특성에 따라 내용을 재구조화하거나 필요한 부분만을 선별하여 활용할 수도 있다. 예를 들어, 시각적 주의력의 저하로 인해 학습 효과가 낮을 경우 이 부분을 먼저 집중적으로 훈련할 수 있다.

이 프로그램을 통해서 경계선 지적 기능 아동·청소년이 인지적으로 뒤처지지 않고, 효율적인 학습을 위한 바탕이 마련되어 학교와 일상에서 보다 적응적인 생활을 영위하기를 기원한다.

2021년 1월

박현숙

서론

1. 경계선 지적 기능의 정의

　미국의 지적발달 장애협의회(formerly called the American Association on Mental Retardation: AAIDD-11)의 매뉴얼에 따르면, 경계선 지적 기능을 가진 사람들은 지적 장애의 진단 기준보다는 높지만 평균에는 미치지 못하는 지능지수를 가지고, 지적 장애를 가진 사람들과 유사한 사회적 어려움을 경험하는 사람들을 말한다. 『정신장애 진단 및 통계 편람(제5판)[Diagnostic and Statistical Manual of Mental Disorders(5th ed.): DSM-5]』에서는 경계선 지적 기능을 '임상적인 관심을 요하는 별도의 조건들'에 해당하는 V코드로 분류했다. DSM-5에서는 경계선 지적 기능과 지적 장애를 구분하기 위해서 지적 기능과 적응 기능 간의 불균형에 대해 주의 깊은 평가를 해야 한다고 명시되어 있다. 국제질병 분류(International Classification of Diseases: ICD-10)에서도 지적 기능과 적응행동에 대한 평가를 포함해서 지적 장애의 기준을 설명할 수 있어야 한다고 설명한다.

　대부분의 연구에서 경계선 지적 기능을 가진 사람들이 겪는 공통적인 어려움을 언급하고 있다. 적응행동에 심각한 문제를 가지고 있지만 지능지수가 장애 기준에 부합되지 않기 때문에 지적 장애에 해당하는 도움이나 서비스를 받을 수 없다는 점을 우려하면서 주의 깊은 선별을 권하고 있다. 경계선 지적 기능의 지능지수 범주에 해당하는 점수를 가진 사람 모두가 적응행동의 문제로 도움을 필요로 하는 것은 아니다. 그러나 이러한 범주의 사람이 가진 특성에 대한 연구는 이들이 보다 사회적응적으로 살아가는 데 도움이 될 것이다. 최근까지도 경계선 지적 기능에 대한 인식이 많이 부족해서, 이에 해당하는 사람들의 특성을 어떻게 다루어야 할지 알려 줄 만한 합의된 정의나 규정이 없는 실정이다. 이 때문에 앞서 설명한 매뉴얼과 선행연구를 종합했을 때 경계선 지적 기능을 가진 아동·청소년은 '지적 장애에 해당하지는 않지만 평균지능에 미치지 못하는 지능을 가지면서, 일상생활과 학교생활에서 부적응하여 도움을 필요로 하는 아동·청소년'이라고 할 수 있다.

2. 경계선 지적 기능의 특성

1) 인지적 특성

경계선 지적 기능은 인지적 기능 면에서 특징적이다. Show(2008)에 따르면 경계선 지적 기능의 인지적 특성은 다섯 가지로 나눌 수 있다.

첫째, 경계선 지적 기능에 해당하는 아동은 구체적인 방법으로 정보를 제시할 때 더 잘 수행한다. 추상적인 개념을 배우기 어려워하며, 자신의 삶과 동떨어진 사실에 대해 학습할 때 더 힘들어한다.

둘째, 배운 정보, 기술, 책략 등을 다른 곳에 전환하거나 일반화해서 사용하지 못한다. 내용에 따라 잘 배울 수 있는 부분도 있지만 배운 개념을 다른 상황에 전환하거나 새로운 상황이 되었을 때 적용하기가 어렵다.

셋째, 새로운 정보를 얻었을 때에는 동화와 조절을 통해 잘 분류하여 기억하고, 필요할 때 회상해서 적절히 활용할 수 있어야 한다. 그런데 새로운 정보를 얻는다 해도 이전에 획득했던 정보에 동화시키기 어려워하고, 기억창고에 저장도 잘 되지 않으며, 저장된다 하더라도 적절한 때에 그 정보를 회상하지 못해서 효율적으로 사용할 수 없다.

넷째, 또래만큼의 학업적 기술 수준을 유지하는 데 더 많은 시간과 반복적인 연습이 필요하다.

다섯째, 거듭되는 실패로 인해 자아존중감이 낮고, 학업적 동기유발에 결함이 있을 수 있다.

경계선 지적 기능의 기억 과정을 살펴보면 그들의 인지적 특성을 보다 명확하게 알 수 있다. 단기기억, 작업기억, 장기기억 체계의 효율성이 떨어진다는 것이 경계선 지적 기능의 대표적인 인지적 특성이다. 이들이 주로 사용하는 기억 방법은 기계적인 암기다. 기계적 암기는 기억해야 할 내용을 논리적으로 이해하지 않아도 지식을 받아들여 암송하거나 쓰는 등의 방법을 통해 암기하는 기억 방법으로, 경계선 지적 기능 아동·청소년이 흔히 사용한다. 또 집중에 방해되는 자극이 생겼을 때 너무 민감하게 반응하고 산만해져 기억을 위한 정보처리 과정에 부정적인 영향을 끼치기도 한다. 이해가 잘 안되거나 추상적인 소재에 대한 수행을 해야 할 때 이러한 특징은 더 명확히 드러난다.

2) 학업적 특성

효율적인 방법을 이용해서 경우에 따라 꽤 긴 시간 동안 지속해야 하는 학습에서는 풀어야 할 문제를 인식하고 이해하는 능력뿐만 아니라 계획과 이 과정을 통제하는 것, 이전에 정했던 목표와 일치하는지의 여부를 확인하는 것도 중요하다. 기억 과정에서는 자신의 능력에 대한 인식과 인지기능 과정에서의 자신의 강점과 약점을 파악할 수 있어야 한다. 또 배운 것이나 경험한 내용을 언제 이용하고 어떻게 조직화해야 하는지, 주어진 문제를 풀 때 필요한 능력의 다양한 종류를 점검하는 방법인 상위 인지를 위한 집행력을 발휘할 수 있어야 한다.

경계선 지적 기능 아동·청소년은 정보를 수초 동안만 의식 속에 유지해 두는 청각적 단기기억이 필요한 과제에서 또래와 비교해 수행이 저조할 수 있다. 이 때문에 듣고 쓰는 받아쓰기나 읽고 이해한 후 답을 쓰는 시험이나 과제, 수업에서 자주 실패한다.

작업기억은 정보들을 의식 속에 일시적으로 보유하면서, 각종 인지적 과정을 계획하고 순서 지으며 실제로 처리하는 과정을 의미한다. 경계선 지적 기능 아동·청소년은 작업기억에 결함이 있는 경우가 많은데, 이로 인해 주의집중에 어려움을 겪는다. 하나의 과제에 집중하는 시간이 짧고 방해자극이 있을 때 이를 무시할 수 있는 능력까지 적어서 산만함이 더 커진다. 결과적으로 수업에 집중하기 어려워할 수 있으며 문제를 풀거나 수업을 듣는 과정에서 과잉활동이 심한 경우도 있다. 이러한 것들은 학습의 질에 직·간접적인 영향을 미쳐서 경계선 지적 기능 아동·청소년이 읽기, 쓰기, 수학과 같은 기본적인 학업적 기술을 이해하고 익히는 데 시간이 많이 걸리거나 어려움을 겪게 한다.

3. 경계선 지적 기능 아동·청소년을 위한 개입

1) 인지발달을 촉진하기 위한 개입

경계선 지적 기능을 가진 아동·청소년에게 별도의 관심을 주지 않거나 개입을 하지 않고 방치할 경우, 나이가 들면서 지능지수가 더 낮아진다고 주장하는 연구들이 있다. 경계선 지적 기능은 평균 지능의 범주와 지적 장애에 해당하는 지능의 범주 사이에 위치하므로 지능지수가 조금만 하락해도 지적 장애에 이를 수 있다. Najma(2012)와 Sangeeta(2009)의 연구에 따르면 경계선 지적 기능 아동을 대상으로 학업적 개입이나 사고력 증진을 위한 프로그램을 실시하면 인지 기능과 언어 능력 등에서 유의한 긍정적 변화를 기대할 수 있다고 한다. 특히 인지 능력과 학습 능력에 크게 영향을 미치는 주의력이나 암기력은 적절한 개입을 통해 개선될 수 있다. 또한 학습한 내용을 활용하는 데 필요한 예측, 조직화, 일반화하는 능력도 훈련 여부에 따라 보다 발전된 형태로 기능할 수 있다. 경계선 지적 기능이 지적 장애 수준의 지능으로 악화되는 것을 막고, 보다 적응적인 삶을 사는 데 필요한 인지기술의 발달을 도모하기 위해서는 경계선 지적 기능이라는 특성에 맞으면서 개별 욕구를 충분히 반영할 수 있는 인지발달 증진 프로그램이나 훈련을 지속적으로 제공해야 한다.

2) 학업적 개입

경계선 지적 기능 아동·청소년은 해당 학년의 학업성취도 기준에 도달하기가 매우 어렵다는 특성을 지니고 있다. 그러나 적절한 지도와 보살핌이 있다면 교육이 가능하다. 학습 속도가 느리고 효율성 면에서 결함을 가지고 있기 때문에 충분한 시간을 주고 반복해서 연습할 수 있도록 도와주면, 비록 느리지만 어느 정도의 학업적 성공을 경험할 수 있다. 특히 제 학년에서의 학업적 성취경험은 경계선 지적 기능 아동·청소년의 심리적 특성이나 사회성 증진에도 긍정적 영향을 미치기 때문에 보다 체계적이고 개별적인 학업적 개입이 필요하다. 학습과정은 정보를 습득하고 저장하여 필요할 때 인출하는 인지적 과정의 반복이므로 학습에 필요한 인지기능이 부진할 경우 이를 보완하여 학습에 방해가 될 만한 인지기능의 결함을 제거 또는 완화시키는 것이 중요하다. 또한 학습은 개선된 인지기능을 더 잘 사용할 수 있도록 반복 훈련하는 과정이다. 즉, 학습과정이 인지기능의 발달을 촉진할 기회를 반복적으로 제공함으로써 지능의 하락을 방지하며, 인지기능의 발달로 인해 더 효율적인 학습이 가능해지는 선순환의 구조를 가진다. 학습이 지능의 악화를 예방하고, 학습에서의 성공경험이 경계선 지적 기능 아동·청소년의 심리적 욕구를 충족시킬 수 있기 때문에 학업적 개입을 위한 프로그램을 선정하여 지속적인 개입을 했을 때 더 큰 효과를 거둘 수 있다.

3) 인지·학습적 개입을 위한 프로그램의 적용

앞서 살펴본 바와 같이 경계선 지적 기능은 학습과 사회 적응에 필요한 인지기능의 속도와 효율성 저하가 그 특징이라고 볼 수 있다. 그러므로 경계선 지적 기능을 가진 아동·청소년의 취약하거나 결핍된 인지기능을 찾아 이를 개선할 수 있는 개별화된 인지기능 향상 프로그램을 적용하는 것이 중요하다.

취약하거나 결핍된 인지기능을 찾기 위해서는 경계선 지적 기능을 가진 아동·청소년을 관찰하거나 지능검사를 활용할 수 있다. 기관이나 학교에서 아동의 학습이나 적응 상태 등을 면밀히 관찰하여 주로 문제가 되는 특성을 살피고, 표준화된 지능검사의 결과를 참고하여 취약한 인지기능을 찾아 보완해야 한다.

이 프로그램에서는 작업기억, 기억력, 행동억제, 집행력, 청각적 주의력, 시각적 주의력, 언어적 사고력, 수학적 사고력으로 나누어 활동을 제시했다. 각 활동이 특정 소단원에 묶였다고 해서 해당 활동이 하나의 인지기능만을 강화시키는 활동이라고 볼 수는 없다. 한 활동이 작업기억과 집행력, 언어적 사고력을 동시에 향상시키지만 중점적으로 키워 줄 수 있는 인지기능이 해당 영역에 포함되기 때문에 배치된 경우가 대부분이기 때문이다. 이 점을 고려하여 경계선 지적 기능 아동·청소년에게 활동을 제시해야 한다.

4. 지능검사상의 인지기능과 경계선 지적 기능

표준화된 지능검사인 웩슬러 아동용 지능검사(WISC-IV)에서 측정하는 인지기능의 영역과 그 영역에서 결함이 있을 때 경계선 지적 기능을 가진 아동·청소년이 보이는 특성은 다음과 같다.

1) 언어 이해/공통성

(1) 측정 영역

공통적인 사물이나 개념을 나타내는 두 개의 낱말을 듣고, 두 낱말이 어떻게 유사한지를 말하는 소검사다. 언어적 추론 능력, 언어적 개념형성 능력, 언어적 문제해결 능력, 문화적 및 학습적으로 축적된 지식의 유무 및 양, 알아들을 수 있는 언어 수준과 알고 있어서 표현할 줄 아는 언어의 수준을 측정한다. 들은 내용을 이해하는 정도와 잘 기억하고 있는지, 언어적으로 얼마나 잘 표현해 낼 수 있는지 측정한다고 볼 수 있다.

(2) 이 영역에서 경계선 지적 기능을 가진 아동의 특성

특정 그림을 보거나 낱말을 듣고 관련된 생각을 떠올리는 능력이 부족한 경우 취약한 영역이다. 생각이 떠올랐다 해도 적절한 언어로 표현하여 상대에게 전달하는 능력이 부족한 경우에도 이 영역이 영향을 받을 수 있다. 사물이나 개념에서 더 중요하고 기본적인 특성들을 찾아내지 못하는 경향이 있어서 지엽적인 단서만으로 문제나 상황을 판단하여 어려움을 겪을 수 있다.

(3) 측정 영역의 개선을 위한 이 프로그램의 소단원

이 프로그램의 청각적 주의력, 언어적 사고력과 집행력의 활동을 이용해서 지도할 수 있다.

2) 언어 이해/어휘

(1) 측정 영역

제시된 그림의 이름을 말하거나 낱말에 대해 적절히 설명하는 소검사다. 언어적 추론 능력, 언어적 개념형성 능력, 언어적 문제해결 능력, 문화적 및 학습적으로 축적된 지식의 유무 및 양, 알아들을 수 있는 언어 수준과 알고 있어서 표현할 줄 아는 언어의 수준을 측정한다. 들은 내용을 이해하는 정도와 잘 기억하고 있는지, 언어적으로 얼마나 잘 표현해 낼 수 있는지를 측정한다고 볼 수 있다.

(2) 이 영역에서 경계선 지적 기능을 가진 아동의 특성

공통성과 유사하게 특정 장면이나 낱말, 상황이 제시됐을 때 관련된 생각을 떠올리는 능력이 어느 정도인지를 나타낸다. 양육환경이 열악해서 교육적 자극이 적었다는 등의 환경적 이유나 교육적 자극은 풍부했지만 인지적 미성숙으로 인해 축적된 지식이 적었는지를 살펴보고 적절히 개입할 수 있어야 한다. 경계선 지적 기능을 가진 경우, 장기기억에 저장되는 낱말의 양이 적고, 저장된다 하더라도 필요할 때 회상해 내는 능력이 부족할 수 있으며, 회상한 내용에 대한 설명력의 부족으로 이 영역에서의 어려움이 있다.

(3) 측정 영역의 개선을 위한 이 프로그램의 소단원

이 프로그램에서는 집행력, 언어적 사고력의 활동을 이용해서 지도할 수 있다.

3) 언어 이해/이해

(1) 측정 영역

사회적 상황에 대한 이해와 일반적인 원칙을 잘 파악하고 있는지를 알아보기 위한 소검사다. 언어적 개념의 형성 정도, 언어적 이해와 표현, 과거 경험에 대해 평가해서 현재의 상황에 참고할 수 있는 능력, 읽고 이해해서 언어적으로 문제를 해결하거나 실제 상황에서 언어적 지식을 발휘할 수 있는지, 사회적 판단력과 성숙도, 상식을 측정한다.

(2) 이 영역에서 경계선 지적 기능을 가진 아동의 특성

경계선 지적 기능을 가진 아동이 특히 취약할 수 있는 부분이다. 이 부분에 결함이 있을 경우, 사회적 상황에 대한 이해나 판단이 부족해서 가정이나 학교 등 일상적 생활에서 생기는 대인관계의 갈등을 원만히 해결하지 못할 수 있다. 사회적 갈등 상황이나 문제해결 상황에서 우유부단하거나 회피 또는 미숙한 결정으로 어려움을 겪기 때문에 예견되는 반복적인 문제를 어떻게 해결해야 할지 미리 계획을 세우고 확인해 주는 체계적인 도움이 필요할 것이다.

(3) 측정 영역의 개선을 위한 이 프로그램의 소단원

이 프로그램에서는 기억력, 집행력, 언어적 사고력의 활동을 이용해서 지도할 수 있다.

4) 언어 이해/상식

(1) 측정 영역

광범위한 주제의 일반적 지식을 포함하는 질문에 대답하는 소검사다. 사실에 기초하면서 일반적으로 잘 알려져 있는 지식을 획득, 보유, 필요할 때 기억해 내는 능력을 측정한다. 장기기억의 효율성을 측정하는데, 이때 주제에 대한 언어적 표현, 청각적 정보처리 능력과 이해를 잘 하는지 알아볼 수 있다.

(2) 이 영역에서 경계선 지적 기능을 가진 아동의 특성

경계선 지적 기능을 가진 아동·청소년은 평균적인 지능을 가진 또래에 비해 주어진 경험을 통해 축적되는 지식의 양이나 질이 낮아서 많은 양의 경험이나 독서량이 있다고 해도 실제로 쌓이는 지식량이 적을 수 있다. 되도록이면 교과서를 비롯한 읽기자료(만화책이어도 읽을 수 있는 자료는 중요함)를 자주 보는 습관을 들여야 하며, 읽은 내용에 대해 대화하는 등의 방법으로 지식을 쌓을 수 있도록 도와야 한다.

(3) 측정 영역의 개선을 위한 이 프로그램의 소단원

이 프로그램에서는 작업기억, 기억력, 집행력, 언어적 사고력의 활동을 이용해서 지도할 수 있다.

5) 지각추론/토막짜기

(1) 측정 영역

흰색과 빨간색으로 나뉘어 칠한 정육면체를 사용하여 제시된 모형이나 그림과 똑같은 모양을 만드는 소검사다. 언어적인 개념이 아니라 비언어적인 그림을 보고 추론을 해야 하며, 시각과 운동의 협응이 잘 되고 있는지, 시각적 자극을 관찰하면서 주요 장면과 주변적 장면을 분리해 내는 능력을 측정한다.

(2) 이 영역에서 경계선 지적 기능을 가진 아동의 특성

경계선 지적 기능을 가진 경우 구체적인 조작 이외에 머릿속에서의 조작을 통해 주어진 자극을 분석하여 적절히 처리하는 능력에 결함이 있을 수 있다. 예측을 하거나 "만일 ~라면 어떻게 될까?"라는 가정에서 시작되는 사고가 원활치 않다. 이로 인해 주어진 단서를 가지고 상황을 예측할 때, 중요한 정보와 상대적으로 덜 중요한 정보를 구분하지 못거나 주어진 단서를 잘 활용하지 못해서 수행이나 문제해결력이 떨어질 수 있다. 일상생활에서부터 예측하고 실행해 보는 경험을 자주 제공할 필요가 있겠다.

(3) 측정 영역의 개선을 위한 이 프로그램의 소단원

이 프로그램에서는 작업기억, 집행력, 수학적 사고력의 활동을 이용해서 지도할 수 있다.

6) 지각추론/공통그림찾기

(1) 측정 영역

두 줄 또는 세 줄로 이루어진 그림들을 제시한 후에 이 그림과 공통된 특성을 가진 그림을 각 줄에서 한 가지씩 고르는 소검사다. 공통된 특성을 언어로 머릿속에 떠올릴 수 있는지와 사물이나 개념을 범주별로 묶어서 사고할 수 있는지의 여부를 측정한다.

(2) 이 영역에서 경계선 지적 기능을 가진 아동의 특성

경계선 지적 기능을 가진 아동·청소년은 일련의 상황이나 단서들을 보고 공통된 사항을 빠리 찾아내지 못하는 특성을 가지고 있다. 이로 인해 수행의 속도나 효율성이 떨어지며, 일을 처리하는 과정이나 학습에서 답답함을 유발한다. 공통된 규칙을 찾았을 때 더 많은 일이나 학습량을 자동화된 방식으로 잘 처리할 수 있는데, 그 규칙을 찾기까지가 어려울 수 있다. 프로그램을 통한 활동지에서의 규칙찾기도 중요하지만 일상생활에서 반복되는 행동이나 학습방법에서 규칙을 찾아보는 연습을 꾸준히 하는 것이 좋다.

(3) 측정 영역의 개선을 위한 이 프로그램의 소단원

이 프로그램에서는 작업기억, 집행력, 수학적 사고력의 활동을 이용해서 지도할 수 있다.

7) 지각추론/행렬추리

(1) 측정 영역

일정한 규칙에 따라 배열된 그림들을 보고 각 그림 간의 논리적 관련성을 파악하는 정도를 측정하는 소검사다. 시각적 정보를 변별하면서 주의 깊게 탐색할 수 있는지, 충동적으로 답하지 않고 유혹자극을 잘 변별해 낼 수 있는지, 언어가 아닌 그림 등의 자극에서 일정 규칙을 찾아내서 예측할 수 있는지, 정보를 머릿속에 띄우고 집중해서 사고할 수 있는지 그 능력과 속도를 살펴본다.

(2) 이 영역에서 경계선 지적 기능을 가진 아동의 특성

경계선 지적 기능을 가진 아동·청소년은 주어진 자극이 서로 어떻게 관련되어 있는지를 파악하고 그 내용을 변별하고 탐색하여 문제해결을 위해 필요한 정보를 생각해 내는 능력에 결함이 있을 수 있다. 꾸준히 일상생활이나 학습과정에서의 상황을 순서에 맞게 말로 표현하는 연습을 시켜야 한다.

(3) 측정 영역의 개선을 위한 이 프로그램의 소단원

이 프로그램에서는 작업기억, 행동억제, 집행력의 활동을 이용해서 지도할 수 있다.

8) 지각추론/빠진 곳 찾기

(1) 측정 영역

제시된 그림을 보고 제한 시간 내에 그 그림에서 빠져 있는 중요한 부분을 가리키거나 말하는 소검사다. 그림 등의 시각적 정보를 봤을 때 관련된 개념을 정확하고 빠르게 떠올릴 수 있는지, 전체와 부분의 관계를 파악하고 있는지, 시각적인 자극에 대해 주의를 잘 유지할 수 있는지를 측정한다.

(2) 이 영역에서 경계선 지적 기능을 가진 아동의 특성

경계선 지적 기능을 가진 아동·청소년은 오감을 통해 얻은 자극, 즉 정보들을 기억하고 구별해서 필요한 처리를 하는 과정에 문제가 있을 수 있다. 전체를 본 기억은 떠올릴 수 있지만, 부분으로 나뉘어 있을 때에는 관련지어 생각하기 어려워한다. 시각적 자극에 대해 자세한 탐색을 하지 않고 흘깃 보는 경우가 많기 때문에 자세히 보는 습관이 필요하다. 여러 방면에서 상황이나 정보를 탐색할 수 있도록 단서를 제시하여 회상하도록 하는 과정을 훈련할 필요가 있다.

(3) 측정 영역의 개선을 위한 이 프로그램의 소단원

이 프로그램에서는 작업기억, 행동억제, 집행력의 활동을 이용해서 지도할 수 있다.

9) 작업기억/숫자

(1) 측정 영역

검사자가 불러 주는 숫자를 듣고 그대로 따라 하거나, 거꾸로 따라서 암송하는 소검사다. 청각적으로 들은 정보를 단기적으로 머릿속에 띄워 놓고 정해진 규칙에 따라 암송하여 처리하고 있는지 측정한다. 청각적 주의력을 측정하며 정보를 머릿속에 띄워 놓고 처리하는 작업기억, 숫자에 대한 인식, 바로 따라 하기에서 거꾸로 따라 하기로 전환됐을 때의 정신적 처리의 융통성과 순발력을 측정한다.

(2) 이 영역에서 경계선 지적 기능을 가진 아동의 특성

경계선 지적 기능을 가진 아동·청소년이 이 영역에서 낮은 점수를 보일 때에는 들은 내용에 대한 기억이나 정보처리 능력이 부족할 수 있다. 이 능력의 부족은 학교에서 수업을 듣는 과정에 문제를 일으킬 수 있으며, 타인과 대화하거나 지시를 듣고 따르기에 어려움을 겪을 수도 있다. 들은 내용에 대해 단기적으로 처리하거나 혹은 장기기억으로 넘겨 저장하는 연습을 꾸준히 해야 한다.

(3) 측정 영역의 개선을 위한 이 프로그램의 소단원

이 프로그램에서는 작업기억, 행동억제, 청각적 주의력, 수학적 사고력의 이동을 활용해서 지도할 수 있다.

10) 작업기억/순차연결

(1) 측정 영역

연속되는 숫자와 글자를 섞어서 읽어 주고, 숫자가 커지는 순서와 한글의 가나다순으로 정렬해서 암송해 보게 하는 소검사다. 입력된 정보를 일정한 규칙에 따라 순서화할 수 있는지, 들은 정보를 머릿속에 띄워 놓을 수 있는지, 입력된 정보를 머릿속에 띄우고 목적에 맞게 짧은 시간 안에 적절히 처리해 낼 수 있는지를 측정한다.

(2) 이 영역에서 경계선 지적 기능을 가진 아동의 특성

시간이나 원인 및 결과에 따라 순서화하고 계획을 세울 수 있는 능력이 부족할 때 낮을 수 있다. 들은 내용을 일시적으로 머릿속에 담아 두고 적절하게 처리할 수 있어야 학습도 가능하고 타인과의 대화나 훈육도 가능하다. 이에 대한 능력이 부족하면 말을 하고 있는 사람 입장에서는 경계선 지적 기능을 가진 사람이 한 귀로 듣고 한 귀로 흘리는 듯한 느낌을 받는다. 정확히 들었는지 확인이 필요하므로 말한 내용을 자주 확인하고 들은 내용에 대해 표현하는 경험을 자주 가져야 한다.

(3) 측정 영역의 개선을 위한 이 프로그램의 소단원

이 프로그램에서는 작업기억, 행동억제, 청각적 주의력의 이동을 활용해서 지도할 수 있다.

11) 처리속도/기호쓰기

(1) 측정 영역

간단한 기하학적 모양이나 숫자에 대응하는 기호를 규칙으로 정하고, 이를 기억해서 해당 모양이나 숫자를 기호로 옮겨 적는 소검사다. 규칙을 단기기억 속에 띄워 놓고 새로 제시되는 모양이나 숫자를 기호로 옮겨 적어야 하기 때문에 단기기억, 시각적인 그림들을 변별하고 탐색하는 능력, 눈으로 본 것을 손으로 그려 낼 수 있는 협응, 과제에 대한 지속력이나 집중력, 과제에 대한 동기 유지 능력을 측정한다.

(2) 이 영역에서 경계선 지적 기능을 가진 아동의 특성

소근육 발달이 인지기능의 발달과도 관련이 있다. 인지기능이 원활하면 사고 과정의 속도나 효율성이 좋고 미세한 근육과의 협응 능력도 좋아 정교한 소근육 사용이 가능하지만, 경계선 지적 기능을 가졌을 경우에는 그렇지 못한 경우가 많다. 특히 쓰기 문제가 있을 수 있으며, 정보를 일시적으로 머릿속에 띄우고 규칙에 대한 기억을 유지하여 문제를 해결하는 능력이 부족할 수 있다. 단시간에 특정 상황이나 개념을 기억해서 처리하는 연습이 필요하다.

(3) 측정 영역의 개선을 위한 이 프로그램의 소단원

이 프로그램에서는 작업기억, 집행력, 시각적 주의력, 언어적 사고력의 활동을 이용해서 지도할 수 있다.

12) 처리속도/동형찾기

(1) 측정 영역

제시된 표적 모양이 보기에 나온 그림 중에 있는지의 여부를 표시하는 소검사로 제한시간이 있다. 시각적인 정보를 처리하고 그것이 쓰는 행동까지 이어지는 능력, 단기적으로 규칙을 머릿속에 띄울 수 있는 능력, 유사한 자극이 있을 때 융통성 있게 처리할 수 있는 능력, 시각적 정보를 처리하는 동안의 주의집중력, 시각적 정보의 변별 능력을 측정한다.

(2) 이 영역에서 경계선 지적 기능을 가진 아동의 특성

기호쓰기와 마찬가지로 정보를 일시적으로 머릿속에 띄우고 규칙에 대한 기억을 유지해서 문제를 해결하는 능력을 측정한다. 경계선 지적 기능을 가진 아동과 청소년은 정보의 유입과 처리가 동시에 되지 않아서 유입된 정보를 흘리고 문제를 해결하지 못하는 경우가 잦을 수 있다. 따라서 판단이나 결정 과정에서 속도나 효과성을 증진시키는 연습이 필요하다. 이 능력의 결함은 학습과도 연관될 수 있어서 읽고 쓰기나 듣고 쓰기, 보고 쓰기, 지필 시험 등에 영향을 미칠 수 있다.

(3) 측정 영역의 개선을 위한 이 프로그램의 소단원

이 프로그램에서는 작업기억, 집행력, 시각적 주의력, 수학적 사고력의 활동을 이용해서 지도할 수 있다.

■ 참고문헌

American Psychiatric Association (1994). *The Diagnostic and statistical manual of mental disorders* (4th ed.). Arlington, VA: Author.

American Psychiatric Association (2013). *The Diagnostic and Statistical Manual of mental disorders* (5th ed.). Arlington, VA: Author.

Najma, I., Rehman, G., & Hanif, R. (2012). Effect of Academic Interventions on the Developmental Skills of Slow Learners. *Pakistan Journal of Psychological Research, 27*(1), 135−151.

Sangeeta, M. (2009). Effect of intervention training on mental abilities of slow learners. *International Journal of Science Education, 1*(1), 61−64.

차례

③ 행동억제

④ 집행력

느린 학습자 인지훈련 프로그램 ①

작업기억 · 기억력 ·
행동억제 · 집행력

기억이란

　기억은 경험을 저장하고 재생하는 일련의 과정이다. 학습이 경험 내용을 획득하는 과정인데 비해, 기억은 획득한 경험 내용을 저장하고 보존하여 필요한 상황에서 이를 재생하여 활용하는 과정이다. 기억은 인간의 뇌에서 해마와 관련이 있다. 해마는 매 순간 기억을 어떻게 분류하고 저장할지 결정한다. 또, 필요한 기억을 유지하기 위해 어떤 기억을 지워야 할지 판단한다.

　기억은 3단계의 과정을 거친다. 첫 번째, 입력하기는 외부의 정보가 머릿속으로 들어오는 단계다. 학습한 내용을 기억하기 위해서 먼저 기억하고자 하는 내용에 대해 주의를 집중하고 이해하기를 통해 뇌를 자극해서 기억의 공간에 입력되도록 하는 과정이다. 두 번째, 저장하기는 입력된 정보를 머릿속에 저장해 두는 상태를 말한다. 대부분의 사람은 시간이 지남에 따라 망각곡선에 따라 입력된 내용을 기억하지 못하기도 한다. 세 번째, 불러오기는 기억을 통해 저장된 내용이 필요할 때 꺼내는 역할을 한다. 즉, 시험이나 수행평가를 할 때 이전에 학습했던 내용을 기억했다가 불러오는 단계를 수행하게 되는 것이다.

　기억의 유형은 감각자극에 의해 받아들이는 정보인 감각기억, 약간의 주의를 기울이면서 수초 동안 자료를 의식에 저장하는 단기기억, 수분에서 평생 동안 기억을 보유하는 장기기억으로 나뉜다.

　보통 단기기억을 장기기억으로 바꾸는 방법을 기억책략이라고 하는데, 기억책략은 반복연습, 조직화, 정교화의 세 가지로 나눌 수 있다. 반복연습은 전화번호를 외우기 위해 숫자를 무조건 반복해서 암송하는 방법이나 쓰면서 외우는 등의 가장 간단한 기억책략이다. 조직화란 종류별로 묶거나 더욱 작은 단위로 잘라 기억하기 쉽게 하는 것을 말한다. 정교화란 의미 있는 연결을 만들어서 외우는 것을 뜻한다.

　초등 저학년은 반복연습 책략을 더 많이 사용하고 고학년이나 중고생이 될수록 조직화와 정교화 등의 책략을 사용한다.

작업기억이란

　기억의 유형에서 단기기억은 단순한 저장의 개념 이외에 역동적인 정보처리의 과정을 포함하는 작업기억의 역할을 담당한다. 학업성취에 더 큰 영향을 미치는 것은 작업기억이다. 작업기억은 지각된 정보를 의식 속에 일시적으로 띄워 놓고, 각종 인지적 과정을 계획하고 순서를 정해서 실제로 정보를 처리하는 과정이다. 이러한 작업기억이 원활히 작동하기 위해서는 정보를 처리하는 동안의 주의집중이 필요하다. 그러나 경계선 지적 기능을 가진 아동·청소년은 한 과제에 집중하는 시간이 짧고 방해자극이 있을 때, 이를 무시할 수 있는 능력이 적어 산만한 모습을 보인다. 결과적으로 학습과정에서 거의 매 순간 필요한 작업기억의 과정이 방해를 받을 수 있다. 작업기억면에서 경계선 지적 기능을 가진 아동·청소년은 일정 시간 내에 정보를 머릿속에 유지하고 처리해 내는 양이 적고 속도가 느려서 배우거나 경험하는 새로운 정보들에 대한 인지적 처리의 효율성이 낮다. 작업기억의 결함은 단순하거나 구체적인 과제는 성공할 수 있지만 복잡하고 추상적인 과제의 경우 주의집중이나 정보처리 방법을 몰라서 정보처리의 과정을 실행하지 않거나 중도포기하여 필요한 정보들이 장기기억에 저장되지 않을 수 있으며, 실행을 위한 다른 인지기능이나 협응에도 부정적 영향을 미친다. 작업기억이 취약할 경우 학습상황에서는 읽고 이해하는 능력과 수학적 사고에서 어려움을 겪는다.

경계선 지적 기능 아동 · 청소년의 기억력

경계선 지적 기능을 가진 아동 청소년은 추상적 사고력이 부진하기 때문에 경험하지 않은 것들을 배우기 어려워한다. 이 때문에 추상적 사고력을 요하는 과제나 학습에서는 쉽게 부주의하거나 불안해진다. 그러므로 이들이 갖고 있는 경험 수준 내에서 새로운 개념을 가르치고, 이미 알고 있던 개념에 새로운 개념을 연관 지을 수 있어야 한다. 이러한 과정을 통해야 학습하고 있는 경계선 아동 · 청소년의 장기기억 속에 그 개념이 존재할 것이다. 새로운 개념의 정확한 인식을 촉진하기 위해서는 이들을 가르치는 교사나 양육자가 학습 내용을 구체적으로 제시할 수 있도록 많은 노력을 해야 할 것이다.

경계선 지적 기능을 가진 경우 기억 과정에서 필요한 지각, 주의력, 작업기억, 적절한 정보저장, 필요할 때 정보를 회상해 낼 수 있는 능력 등 정보처리의 일부 또는 전체 과정에서 문제를 보일 수 있다. 그러나 훈련에 의해서 일정 수준까지 개선이 가능하기 때문에 학습이나 일상생활에서 의도적인 암기나 기억을 위한 기회들을 제공하는 것이 중요하다.

기억을 위해서는 현재 입수한 정보와 이전에 갖고 있던 지식을 연관 짓는 사고가 중요한데, 경계선 지적 기능을 가진 아동 · 청소년은 사물 간의 관계와 연관성을 이해하는 데 취약하다. 이 때문에 장기적으로 특정 개념을 기억하거나 회상해 내기가 어렵다. 새롭게 얻은 지식의 대부분을 장기기억에 저장하지 못한다. 경계선 지적 기능의 아동 · 청소년의 망각은 그 양이 많을 뿐만 아니라 망각의 속도도 더 빠르다. 이들의 기억을 증진시키는 한 가지 방법은 가능한 한 많은 연관성을 만들어 내는 것이다. 기억력이 취약한 원인 중 하나가 정보를 인식해서 다양한 연관성을 이해하지 못함인데, 이를 훈련시키기 위해 낱말-시각적 형태, 낱말-말하거나 소리 내는 청각정보, 낱말-감각적 기억이 상호 연관되어야 할 것이다. 이때 주의할 점은 연관성을 너무 상세하게 설명하여 경계선 지적 기능의 아동 · 청소년을 더 혼란스럽게 하지는 말아야 한다는 것이다.

경계선 지적 기능의 아동 · 청소년이 인지적인 면에서 제한적이기 때문에 기계적인 암기에 의해서만 기억할 수 있다고 여기는 것은 큰 착각일 수 있다. 사물 간의 연관성과 관련성이 있다는 것을 더 많이 반복하고, 재연해 주며, 기억을 유지하도록 연습시키면 유의미하고 효율적인 기억과 학습을 기대할 수 있을 것이다.

활동 목표

1. 사물이나 개념들 간의 관련성을 떠올려 정보를 처리하는 속도와 효율성을 높인다.
2. 내용이나 상황에 적합한 기억 방법을 익혀서 학습과 일상생활에서 필요한 암기 능력이나 기억력을 향상시킨다.

1 작업기억

그림 보고 기억나는 대로 적어 보기 1

9칸에 그려진 그림들을 1분 동안 살펴보고, 위치와 그림을 잘 기억해 봅시다.

그림 보고 기억나는 대로 적어 보기 1

📋 앞에서 본 그림들을 잘 기억해서 있던 위치에 그대로 적거나 그려 넣어 봅시다.

<table>
<tr><td></td><td></td><td></td></tr>
<tr><td></td><td></td><td></td></tr>
<tr><td></td><td></td><td></td></tr>
</table>

📋 9칸에 그려진 그림들을 1분 동안 살펴보고, 위치와 그림을 잘 기억해 봅시다.

그림 보고 기억나는 대로 적어 보기 2

📋 앞에서 본 그림들을 잘 기억해서 있던 위치에 그대로 적거나 그려 넣어 봅시다.

9칸에 그려진 그림들을 1분 동안 살펴보고, 위치와 그림을 잘 기억해 봅시다.

비행기		책꽂이
	소파	침대
버스	배	

그림 보고 기억나는 대로 적어 보기 3

📋 앞에서 본 그림들을 잘 기억해서 있던 위치에 그대로 적거나 그려 넣어 봅시다.

9칸에 그려진 그림들을 1분 동안 살펴보고, 위치와 그림을 잘 기억해 봅시다.

비행기		포도
	소파	침대
바나나	배	

그림 보고 기억나는 대로 적어 보기 4

📋 앞에서 본 그림들을 잘 기억해서 있던 위치에 그대로 적거나 그려 넣어 봅시다.

16칸에 그려진 그림들을 2분 동안 살펴보고, 위치와 그림을 잘 기억해 봅시다.

	비행기	침대	다람쥐
배	바나나		책꽂이
포도		곰	소파
악어	버스		원숭이

그림 보고 기억나는 대로 적어 보기 5

📋 앞에서 본 그림들을 잘 기억해서 있던 위치에 그대로 적거나 그려 넣어 봅시다.

그림 보고 기억나는 대로 적어 보기 6

📋 16칸에 그려진 그림들을 2분 동안 살펴보고, 위치와 그림을 잘 기억해 봅시다.

자동차	의자		수박
	딸기	기차	책꽂이
사과	악어		다람쥐
바나나	배		책상

그림 보고 기억나는 대로 적어 보기 6

📋 앞에서 본 그림들을 잘 기억해서 있던 위치에 그대로 적거나 그려 넣어 봅시다.

낱말 듣고 기억나는 대로 말하기 1

❶ 작업기억

주어진 낱말들을 불러 주고 끝까지 듣게 한 후, 순서에 상관없이 기억나는 대로 말해 봅시다(낱말 제시 간격은 1초, 한 문제당 5회가량 실시, 답안지의 작업기억변화표를 기록해서 변화를 추적한다).

1. 친구, 의자, 고래, 기차, 노래

2. 할머니, 연극, 사다리, 시계, 신발

3. 다리, 문, 반딧불, 초가집, 코끼리, 수학, 전화기, 바늘

4. 나뭇잎, 마녀, 지구, 곰, 마스크, 우주선, 버스, 사전

5. 거미, 강아지, 거울, 구름, 당나귀, 오토바이, 이불, 단추

6. 창문, 칠판, 컵, 학교, 강아지, 개나리, 태극기, 안경

7. 양말, 빗자루, 아파트, 대문, 칼국수, 문방구, 가을, 농촌, 비행기, 파도

8. 열쇠, 공룡, 과학, 미끄럼틀, 바람, 식빵, 운동화, 눈, 놀이공원, 고릴라

낱말 듣고 기억나는 대로 말하기 2

📋 주어진 낱말들을 불러 주고 끝까지 듣게 한 후, 순서에 상관없이 기억나는 대로 말해 봅시다(낱말 제시 간격은 1초, 한 문제당 5회가량 실시. 답안지의 작업기억변화표를 기록해서 변화를 추적한다).

1. 도너츠, 미래, 구멍, 비타민, 색연필, 경찰, 책, 아저씨, 뉴스, 비행사

2. 피아노, 바닥, 컴퓨터, 가위, 소파, 벽, 창문, 신호등, 구급차, 눈사람

3. 동굴, 울타리, 섬, 중국, 젓가락, 커피, 양초, 헬리콥터, 국어, 홍수

4. 밀림, 원숭이, 도화지, 연필, 주사기, 관찰, 익힘책, 화분, 현관문, 종소리

5. 광복절, 달력, 거북선, 음악, 가을, 찰흙, 아침, 수영복, 채소, 대포, 소나무

6. 북극곰, 제주도, 짝꿍, 쪽지, 초콜릿, 글씨, 여행, 치과, 다람쥐, 코, 전등

7. 태풍, 검정, 해, 신발, 운전사, 자전거, 길, 놀이터, 사과, 봉투, 빨대, 바람

8. 가뭄, 재채기, 편지, 학교, 선생님, 귀뚜라미, 용, 장미, 뚜껑, 지우개, 용기, 달빛

숫자 따라 말하기 1

1 작업기억

한 줄씩 불러 주는 숫자를 듣고 바로 따라서 말해 봅시다(순차처리).

- 2 ··· 5 ··· 8

- 4 ··· 5 ··· 9

- 2 ··· 4 ··· 7 ··· 9

- 3 ··· 5 ··· 7 ··· 8

- 1 ··· 2 ··· 4 ··· 5 ··· 7

- 3 ··· 4 ··· 6 ··· 7 ··· 9

- 1 ··· 3 ··· 5 ··· 7 ··· 8 ··· 4

- 4 ··· 2 ··· 7 ··· 1 ··· 5 ··· 8 ··· 3

- 8 ··· 4 ··· 2 ··· 7 ··· 5 ··· 4 ··· 6

- 3 ··· 6 ··· 2 ··· 5 ··· 8 ··· 7 ··· 1

숫자 듣고 거꾸로 말하기 2

📋 한 줄씩 불러 주는 숫자를 듣고 바로 따라서 한 번 말하고, 거꾸로 말해 봅시다(순차처리와 역순처리를 연습한다).

예) 2 ⋯ 5 ⋯ 9라고 불러 주면, 2 ⋯ 5 ⋯ 9라고 따라 말하고 나서 곧바로 이어서 9 ⋯ 5 ⋯ 2라고 거꾸로 말한다.

- 1 ⋯ 5 ⋯ 8

- 3 ⋯ 5 ⋯ 9

- 2 ⋯ 4 ⋯ 7 ⋯ 9

- 4 ⋯ 5 ⋯ 7 ⋯ 8

- 1 ⋯ 3 ⋯ 4 ⋯ 5 ⋯ 7

- 3 ⋯ 4 ⋯ 5 ⋯ 7 ⋯ 9

- 2 ⋯ 3 ⋯ 6 ⋯ 9 ⋯ 8 ⋯ 4

- 3 ⋯ 2 ⋯ 7 ⋯ 1 ⋯ 5 ⋯ 8 ⋯ 2

- 9 ⋯ 4 ⋯ 2 ⋯ 7 ⋯ 5 ⋯ 1 ⋯ 6

- 5 ⋯ 6 ⋯ 2 ⋯ 9 ⋯ 8 ⋯ 7 ⋯ 1

📋 차례대로 불러 주는 숫자를 잘 들으면서 빈 칸에 들어갈 숫자들을 듣고 적어 봅시다
(제시 간격: 1초).

※ 상위 5문제는 0~20까지의 숫자를 활용하였으며, 하위 5문제는 0~50까지의 숫자를 활용하였다. 수행이 낮을
   경우 반복해서 들려 주고 검토하여 수정하는 시간을 갖게 할 수 있다.

● 7 ⋯ (3) ⋯ 4 ⋯ 2 ⋯ (9) ⋯ 8 ⋯ 19 ⋯ (1) ⋯ 14 ⋯ 11

● 2 ⋯ 6 ⋯ 12 ⋯ (16) ⋯ (3) ⋯ 18 ⋯ 19 ⋯ (10) ⋯ 4 ⋯ 17

● (11) ⋯ (9) ⋯ 14 ⋯ 20 ⋯ (7) ⋯ 5 ⋯ 19 ⋯ (13) ⋯ 4 ⋯ 15

● (13) ⋯ 8 ⋯ (10) ⋯ 3 ⋯ (2) ⋯ 5 ⋯ (9) ⋯ (17) ⋯ 3 ⋯ 1

● (9) ⋯ 5 ⋯ (11) ⋯ (3) ⋯ 8 ⋯ (6) ⋯ 12 ⋯ (0) ⋯ 4 ⋯ 2

● 23 ⋯ (31) ⋯ 14 ⋯ 48 ⋯ (50) ⋯ (17) ⋯ 39 ⋯ 41⋯ (27) ⋯ (3)

● (35) ⋯ 17 ⋯ (6) ⋯ 15 ⋯ (29) ⋯ 30 ⋯ (45) ⋯ 27 ⋯ 11 ⋯ (49)

● 17 ⋯ 49 ⋯ (28) ⋯ (34) ⋯ (19) ⋯ 32 ⋯ (44) ⋯ 27 ⋯ (31) ⋯ 12

● 2 ⋯ 47 ⋯ (35) ⋯ 12 ⋯ (28) ⋯ 31⋯ (6) ⋯ 23 ⋯ (45) ⋯ (29)

● 15 ⋯ (49) ⋯ 14 ⋯ (17) ⋯ 9 ⋯ (4) ⋯ (26) ⋯ 41 ⋯ 25 ⋯ (33)

📋 차례대로 불러 주는 숫자를 잘 들으면서 빈칸에 들어갈 숫자들을 듣고 적어 봅시다 (제시 간격: 1초).

- 7 … (　　) … 4 … 2 … (　　) … 8 … 19 … (　　) … 14 … 11

- 2 … 6 … 12 … (　　) … (　　) … 18 … 19 … (　　) … 4 … 17

- (　　) … (　　) … 14 … 20 … (　　) … 5 … 19 … (　　) … 4 … 15

- (　　) … 8 … (　　) … 3 … (　　) … 5 … (　　) … (　　) … 3 … 1

- (　　) … 5 … (　　) … (　　) … 8 … (　　) … 12 … (　　) … 4 … 2

- 23 … (　　) … 14 … 48 … (　　) … (　　) … 39 … 41 … (　　) … (　　)

- (　　) … 17 … (　　) … 15 … (　　) … 30 … (　　) … 27 … 11 … (　　)

- 17 … 49 … (　　) … (　　) … (　　) … 32 … (　　) … 27 … (　　) … 12

- 2 … 47 … (　　) … 12 … (　　) … 31 … (　　) … 23 … (　　) … (　　)

- 15 … (　　) … 14 … (　　) … 9 … (　　) … (　　) … 41 … 25 … (　　)

불러 주는 숫자를 잘 들으며 빈칸 채워 넣기 2

❶ 작업기억

📋 차례대로 불러 주는 숫자를 잘 들으면서 빈 칸에 들어갈 숫자들을 듣고 적어 봅시다 (제시 간격: 1초).

※ 상위 3문제는 0~50까지의 숫자, 중간 4문제는 0~100까지의 숫자, 하위 3문제는 0~1000까지의 숫자를 활용하였다. 수행이 낮을 경우 반복해서 들려 주고 검토하여 수정하는 시간을 갖게 할 수 있다.

- 27 ··· (50) ··· 14 ··· 31 ··· 42 ··· (21) ··· 28 ··· 19 ··· (21) ··· 4

- 42 ··· 36 ··· 4 ··· 12 ··· (9) ··· (28) ··· 8 ··· 19 ··· (45) ··· 17

- (11) ··· 34 ··· 20 ··· (23) ··· 15 ··· 19 ··· (10) ··· 42 ··· 13 ··· (0)

- (3) ··· 63 ··· (45) ··· 85 ··· (40) ··· (21) ··· 73 ··· 11··· (62) ··· 88

- 28··· (4) ··· (16) ··· 82 ··· (35) ··· 24 ··· 92··· 75 ··· (17) ··· 44

- 43 ··· (56) ··· 78 ··· (12) ··· (36) ··· 19 ··· 41··· (50) ··· 54 ··· (20)

- (1) ··· 17 ··· 99 ··· (43) ··· 90 ··· (49) ··· 87 ··· 71 ··· (56) ··· (30)

- 171 ··· 492 ··· (235) ··· 222 ··· (890) ··· 312 ··· 375) ··· 257 ··· (989) ··· 112

- 242 ··· (311) ··· 192 ··· (456) ··· 331 ··· (905) ··· 213 ··· (709) ··· 147 ··· (590)

- 915 ··· (708) ··· 148 ··· (909) ··· 229 ··· (561) ··· (374) ··· 941 ··· 725 ··· (257)

차례대로 불러 주는 숫자를 잘 들으면서 빈칸에 들어갈 숫자들을 듣고 적어 봅시다 (제시 간격: 1초).

- 27 ⋯ ( ) ⋯ 14 ⋯ 31 ⋯ 42 ⋯ ( ) ⋯ 28 ⋯ 19 ⋯ ( ) ⋯ 4

- 42 ⋯ 36 ⋯ 4 ⋯ 12 ⋯ ( ) ⋯ ( ) ⋯ 8 ⋯ 19 ⋯ ( ) ⋯ 17

- ( ) ⋯ 34 ⋯ 20 ⋯ ( ) ⋯ 15 ⋯ 19 ⋯ ( ) ⋯ 42 ⋯ 13 ⋯ ( )

- ( ) ⋯ 63 ⋯ ( ) ⋯ 85 ⋯ ( ) ⋯ ( ) ⋯ 73 ⋯ 11 ⋯ ( ) ⋯ 88

- 28 ⋯ ( ) ⋯ ( ) ⋯ 82 ⋯ ( ) ⋯ 24 ⋯ 92 ⋯ 75 ⋯ ( ) ⋯ 44

- 43 ⋯ ( ) ⋯ 78 ⋯ ( ) ⋯ ( ) ⋯ 19 ⋯ 41 ⋯ ( ) ⋯ 54 ⋯ ( )

- ( ) ⋯ 17 ⋯ 99 ⋯ ( ) ⋯ 90 ⋯ ( ) ⋯ 87 ⋯ 71 ⋯ ( ) ⋯ ( )

- 171 ⋯ 492 ⋯ ( ) ⋯ 222 ⋯ ( ) ⋯ 312 ⋯ ( ) ⋯ 257 ⋯ ( ) ⋯ 112

- 242 ⋯ ( ) ⋯ 192 ⋯ ( ) ⋯ 331 ⋯ ( ) ⋯ 213 ⋯ ( ) ⋯ 147 ⋯ ( )

- 915 ⋯ ( ) ⋯ 148 ⋯ ( ) ⋯ 229 ⋯ ( ) ⋯ ( ) ⋯ 941 ⋯ 725 ⋯ ( )

불러 주는 숫자를 잘 들으며 빈칸 채워 넣기 3

1 작업기억

📋 차례대로 불러 주는 숫자를 잘 들으면서 빈칸에 들어갈 숫자들을 듣고 적어 봅시다
(제시 간격: 1초).

※ 분수의 개념을 알고 있는 학생을 대상으로 해야 하며, 분수를 알지 못하는 학생의 경우 분수 표기법에 대해 알
려 준 후 시행할 수 있게 해야 한다.
예: 3분의 1은 3을 아래에 쓴 후 그 숫자 위에 선을 긋고 나중에 부른 숫자인 1을 그 위에 쓰는 것이다. $\frac{1}{3}$

- 5 ⋯ (0) ⋯ 14 ⋯ 28 ⋯ (52) ⋯ 8 ⋯ 19 ⋯ (423) ⋯ 44 ⋯ 583

- (3) ⋯ $\frac{6}{8}$ ⋯ (7) ⋯ 3 ⋯ (2) ⋯ $\frac{4}{6}$ ⋯ (9) ⋯ (7) ⋯ 3 ⋯ 1

- (9) ⋯ $\frac{2}{4}$ ⋯ (7) ⋯ (3) ⋯ $\frac{6}{8}$ ⋯ (7) ⋯ 3 ⋯ (2) ⋯ $\frac{4}{6}$ ⋯ (9)

- 3 ⋯ 1 ⋯ $\frac{1}{7}$ ⋯ 4 ⋯ (5) ⋯ (8) ⋯ 3 ⋯ $\frac{2}{9}$ ⋯ (7) ⋯ 3

- (5) ⋯ 7 ⋯ (6) ⋯ $\frac{5}{9}$ ⋯ (2) ⋯ 0 ⋯ ($\frac{3}{10}$) ⋯ 7 ⋯ 1 ⋯ 5

- 1 ⋯ 9 ⋯ (8) ⋯ ($\frac{5}{7}$) ⋯ (6) ⋯ 9 ⋯ ($\frac{2}{3}$) ⋯ 4 ⋯ 3 ⋯ 7

- 2 ⋯ 7 ⋯ ($\frac{3}{10}$) ⋯ $\frac{5}{7}$ ⋯ (8) ⋯ 3 ⋯ ($\frac{2}{3}$) ⋯ 3 ⋯ 5 ⋯ 9

- 8 ⋯ (9) ⋯ 4 ⋯ ($\frac{7}{10}$) ⋯ 9 ⋯ 4 ⋯ ($\frac{2}{3}$) ⋯ 4 ⋯ 8 ⋯ 7

📋 차례대로 불러 주는 숫자를 잘 들으면서 빈칸에 들어갈 숫자들을 듣고 적어 봅시다
(제시 간격: 1초).

- 5 ⋯ (0) ⋯ 14 ⋯ 28 ⋯ (52) ⋯ 8 ⋯ 19 ⋯ (423) ⋯ 44 ⋯ 583

- (　　) ⋯ $\frac{6}{8}$ ⋯ (　　) ⋯ 3 ⋯ (　　) ⋯ $\frac{4}{6}$ ⋯ (　　) ⋯ (　　) ⋯ 3 ⋯ 1

- (　　) ⋯ $\frac{2}{4}$ ⋯ (　　) ⋯ (　　) ⋯ $\frac{6}{8}$ ⋯ (　　) ⋯ 3 ⋯ (　　) ⋯ $\frac{4}{6}$ ⋯ (　　)

- 3 ⋯ 1 ⋯ (　　) ⋯ 4 ⋯ (　　) ⋯ (　　) ⋯ 3 ⋯ $\frac{2}{9}$ ⋯ (　　) ⋯ 3

- (　　) ⋯ 7 ⋯ (　　) ⋯ $\frac{5}{9}$ ⋯ (　　) ⋯ 0 ⋯ (　　) ⋯ 7 ⋯ 1 ⋯ 5

- 1 ⋯ 9 ⋯ (　　) ⋯ (　　) ⋯ (　　) ⋯ 9 ⋯ (　　) ⋯ 4 ⋯ 3 ⋯ 7

- 2 ⋯ 7 ⋯ (　　) ⋯ $\frac{5}{7}$ ⋯ (　　) ⋯ 3 ⋯ (　　) ⋯ 3 ⋯ 5 ⋯ 9

- 8 ⋯ (　　) ⋯ 4 ⋯ (　　) ⋯ 9 ⋯ 4 ⋯ (　　) ⋯ 4 ⋯ 8 ⋯ 7

📋 차례대로 불러 주는 숫자를 잘 들으면서 빈칸에 들어갈 숫자들을 듣고 적어 봅시다
(제시 간격: 1초).

※ 소수의 개념을 알고 있는 학생을 대상으로 해야 하며, 소수를 알지 못하는 학생의 경우 소수 표기법에 대해 알려 준 후 시행할 수 있게 해야 한다.
예: 3 점 13은 3을 쓰고 나서 오른쪽 아래에 점을 찍은 후 다름 숫자를 이어서 쓰는 것이다. 3.1

- 0.7 ⋯ (1.0) ⋯ (5.2) ⋯ 8.0 ⋯ 1.9 ⋯ (3.7) ⋯ 4.4 ⋯ (8.3) ⋯ 4.5 ⋯ (2.3)

- (3.1) ⋯ 4.6 ⋯ (1.7) ⋯ 3.2 ⋯ (2.9) ⋯ 4.7 ⋯ (9.9) ⋯ (7.5) ⋯ 0.3 ⋯ 7.9

- (0.9) ⋯ 2.4 ⋯ (7.1) ⋯ (3.8) ⋯ 6.8 ⋯ (1.9) ⋯ 3 ⋯ (2.0) ⋯ 8.4 ⋯ (9.5)

- 5.3 ⋯ (1.8) ⋯ (9.6) ⋯ 0.4 ⋯ (2.5) ⋯ (8.9) ⋯ 3.7 ⋯ 2.9 ⋯ (7.7) ⋯ 0.3

- (0.52) ⋯ 7.84 ⋯ (6.07) ⋯ 0.26 ⋯ (2.26) ⋯ 0.91 ⋯ (3.50) ⋯ 0.07 ⋯ 1.29 ⋯ 5.43

- 1.52 ⋯ 9.38 ⋯ (6.87) ⋯ (0.37) ⋯ 9.67 ⋯ (0.85) ⋯ 4.06 ⋯ 3.20 ⋯ 7.84 ⋯ (6.52)

- (2.32) ⋯ 0.71 ⋯ (9.21) ⋯ 8.47 ⋯ (9.88) ⋯ 3.51 ⋯ (0.09) ⋯ 2.31 ⋯ 5.67 ⋯ 9.59

- 8.77 ⋯ (9.56) ⋯ 0.41 ⋯ (0.01) ⋯ 9.42 ⋯ 4.58 ⋯ (1.32) ⋯ 4.78 ⋯ (8.03) ⋯ (7.24)

📋 차례대로 불러 주는 숫자를 잘 들으면서 빈칸에 들어갈 숫자들을 듣고 적어 봅시다 (제시 간격: 1초).

- 0.7 … (   ) … (   ) … 8.0 … 1.9 … (   ) … 4.4 … (   ) … 4.5 … (   )

- (   ) … 4.6 … (   ) … 3.2 … (   ) … 4.7 … (   ) … (   ) … 0.3 … 7.9

- (   ) … 2.4 … (   ) … (   ) … 6.8 … (   ) … 3 … (   ) … 8.4 … (   )

- 5.3 … (   ) … (   ) … 0.4 … (   ) … (   ) … 3.7 … 2.9 … (   ) … 0.3

- (   ) … 7.84 … (   ) … 0.26 … (   ) … 0.91 … (   ) … 0.07 … 1.29 … 5.43

- 1.52 … 9.38 … (   ) … (   ) … 9.67 … (   ) … 4.06 … 3.20 … 7.84 … (   )

- (   ) … 0.71 … (   ) … 8.47 … (   ) … 3.51 … (   ) … 2.31 … 5.67 … 9.59

- 8.77 … (   ) … 0.41 … (   ) … 9.42 … 4.58 … (   ) … 4.78 … (   ) … (   )

불러 주는 글자를 잘 들으며 빈칸 채워 넣기 5

❶ 작업기억

차례대로 불러 주는 글자를 잘 들으면서 빈칸에 들어갈 글자들을 듣고 적어 봅시다
(제시 간격: 1초).

※ 한 글자로 된 낱말 위주로 구성하였다. 수행이 낮을 경우 반복해서 들려 주고 검토하여 수정하는 시간을 갖게
할 수 있다.

● 소 … (코) … 문 … 상 … (공) … 칠 … 말 … (산) … 귀 … 발

● 밤 … 김 … 눈 … (해) … (강) … 물 … 뼈 … (용) … 개 … 불

● (초) … (벽) … 창 … 책 … (별) … 집 … 장 … (쌀) … 양 … 달

● (비) … 철 … (닭) … 방 … (입) … 이 … (털) … (칼) … 일 … 종

● (피) … 징 … (수) … (쥐) … 활 … (굴) … 봉 … (참) … 턱 … 관

● 은 … (목) … 팔 … 총 … (중) … (적) … 줄 … 학 … (칠) … (원)

● (새) … 영 … (등) … 살 … (금) … 촉 … (밥) … 십 … 흉 … (컵)

● 삶 … 천 … (동) … (솜) … (톱) … 북 … (빛) … 안 … (꽃) … 열

● 만 … 전 … (밖) … 감 … (나) … 봄 … (낮) … 벼 … (침) … (풀)

● 역 … (너) … 통 … (배) … 평 … (실) … (잎) … 묵 … 밤 … (성)

📋 차례대로 불러 주는 글자를 잘 들으면서 빈칸에 들어갈 글자들을 듣고 적어 봅시다
(제시 간격: 1초).

● 소 … ( ) … 문 … 상 … ( ) … 칠 … 말 … ( ) … 귀 … 발

● 밤 … 김 … 눈 … ( ) … ( ) … 물 … 뼈 … ( ) … 개 … 불

● ( ) … ( ) … 창 … 책 … ( ) … 집 … 장 … ( ) … 양 … 달

● ( ) … 철 … ( ) … 방 … ( ) … 이 … ( ) … ( ) … 일 … 종

● ( ) … 징 … ( ) … ( ) … 활 … ( ) … 봉 … ( ) … 턱 … 관

● 은 … ( ) … 팔 … 총 … ( ) … ( ) … 줄 … 학 … ( ) … ( )

● ( ) … 영 … ( ) … 살 … ( ) … 촉 … ( ) … 십 … 흉 … ( )

● 삶 … 천 … ( ) … ( ) … ( ) … 북 … ( ) … 안 … ( ) … 열

● 만 … 전 … ( ) … 감 … ( ) … 봄 … ( ) … 벼 … ( ) … ( )

● 역 … ( ) … 통 … ( ) … 약 … ( ) … ( ) … 묵 … 밤 … ( )

낱말 거꾸로 말하기 1

📋 낱말을 불러 주면 들은 대로 따라 말하고, 말한 낱말을 다시 거꾸로 말해 봅시다(끝까지 말해 보는 데 걸리는 시간과 틀리게 말한 횟수를 기록해서 변화를 관찰한다. 답안지의 '낱말 거꾸로 말하기 변화표' 참고).

월 일	틀린 횟수:		걸린 시간:
의자	비타민	번역기	책갈피
책상	우주선	유적지	심리학
부엌	아궁이	컴퓨터	수학책
칼슘	유조선	리모콘	책꽂이
등록	색연필	발가락	스위치
럭비	얼룩말	위원회	에어컨

낱말 거꾸로 말하기 2

🗒 낱말을 불러 주면 들은 대로 따라 말하고, 말한 낱말을 다시 거꾸로 말해 봅시다(끝까지 말해 보는 데 걸리는 시간과 틀리게 말한 횟수를 기록해서 변화를 관찰한다. 답안지의 '낱말 거꾸로 말하기 변화표' 참고).

월 일	틀린 횟수:		걸린 시간:
체중	세탁소	갈매기	냉장고
교황	인형극	다도해	옹달샘
생활	독수리	하수도	가마솥
소설	화장실	자전거	우체통
대륙	목욕탕	해시계	햄스터
꽃밭	교과서	청와대	코끼리
침략	오누이	박물관	사다리

낱말 거꾸로 말하기 3

📋 낱말을 불러 주면 들은 대로 따라 말하고, 말한 낱말을 다시 거꾸로 말해 봅시다(끝까지 말해 보는 데 걸리는 시간과 틀리게 말한 횟수를 기록해서 변화를 관찰한다. 답안지의 '낱말 거꾸로 말하기 변화표' 참고).

월 일	틀린 횟수:	걸린 시간:
할아버지	아카시아	쓰레기통
횡단보도	우락부락	계란말이
올망졸망	알콩달콩	전라남도
밀짚모자	알루미늄	신속배달
포스트잇	하모니카	두루뭉술
만리장성	모래시계	생일축하
연지곤지	네덜란드	냄비뚜껑
갑오징어	김치찌개	카카오톡
간지러움	매미소리	웃음소리
라면봉지	머리카락	배드민턴

낱말 거꾸로 말하기 4

📋 낱말을 불러 주면 들은 대로 따라 말하고, 말한 낱말을 다시 거꾸로 말해 봅시다(끝까지 말해 보는 데 걸리는 시간과 틀리게 말한 횟수를 기록해서 변화를 관찰한다. 답안지의 '낱말 거꾸로 말하기 변화표' 참고).

월 일	틀린 횟수:	걸린 시간:
제주시민	주변머리	연필깎이
할인판매	블루베리	국어사전
독립만세	어린왕자	모나리자
책상서랍	백과사전	우측통행
친구추천	텔레비전	알쏭달쏭
막대사탕	마요네즈	이리저리
쇠똥구리	르네상스	해바라기
덤프트럭	비닐봉투	대형마트
국민의례	국군장병	국가대표
고층빌딩	충청북도	손목시계

낱말 거꾸로 말하기 5

낱말을 불러 주면 들은 대로 따라 말하고, 말한 낱말을 다시 거꾸로 말해 봅시다(끝까지 말해 보는 데 걸리는 시간과 틀리게 말한 횟수를 기록해서 변화를 관찰한다).

※ 일상생활에서도 간혹 쓰이고, 초 · 중등 교과과정에서 사용되는 사자성어다. 뜻은 답안지에 있으니 아동이 궁금해할 경우에는 함께 읽어 본다. 친숙해지면 상식과 이해 능력을 확장하는 데 도움이 된다. 저연령이나 발달 수준이 낮을 경우 건너뛴다.

월 일	틀린 횟수:	걸린 시간:
1) 근묵자흑	10) 일편단심	19) 충언역이
2) 풍전등화	11) 죽마고우	20) 일망타진
3) 등하불명	12) 동고동락	21) 아전인수
4) 금시초문	13) 인명재천	22) 일어탁수
5) 공생공사	14) 내우외환	23) 부지기수
6) 양자택일	15) 여필종부	24) 주야장천
7) 백전백승	16) 일자무식	25) 적재적소
8) 어부지리	17) 안전제일	26) 군중심리
9) 일언반구	18) 천만다행	

낱말 거꾸로 말하기 6

📋 낱말을 불러 주면 들은 대로 따라 말하고, 말한 낱말을 다시 거꾸로 말해 봅시다(끝까지 말해 보는 데 걸리는 시간과 틀리게 말한 횟수를 기록해서 변화를 관찰한다).

※ 일상생활에서도 간혹 쓰이고, 초·중등 교과과정에서 사용되는 사자성어다. 뜻은 답안지에 있으니 아동이 궁금해할 경우에는 함께 읽어 본다. 친숙해지면 상식과 이해 능력을 확장하는 데 도움이 된다. 저연령이나 발달 수준이 낮을 경우 건너뛴다.

월 일	틀린 횟수:	걸린 시간:
27) 안하무인	36) 금석맹약	45) 결초보은
28) 천우신조	37) 두문불출	46) 선공후사
29) 종두득두	38) 설상가상	47) 박학다식
30) 파죽지세	39) 천군만마	48) 문방사우
31) 금지옥엽	40) 용두사미	49) 마이동풍
32) 유종지미	41) 산해진미	50) 목불인견
33) 어불성설	42) 문전성시	51) 혈혈단신
34) 논공행상	43) 일장춘몽	52) 소탐대실
35) 중언부언	44) 초록동색	

낱말을 불러 주면 들은 대로 따라 말하고, 말한 낱말을 다시 거꾸로 말해 봅시다(끝까지 말해 보는 데 걸리는 시간과 틀리게 말한 횟수를 기록해서 변화를 관찰한다).

월 일	틀린 횟수:		걸린 시간:
계산기	초코파이	개인지도	헤라클레스
자동차	미끄럼틀	홍길동전	아웃사이더
라디오	자유시간	세대차이	안녕하세요
체온계	쉬는시간	임전무퇴	지구온난화
아파트	스마트폰	부당해고	서울대학교
세계사	드라이버	유비무환	공중화장실
지구본	고등학교	은행나무	소프트웨어
문방구	개미핥기	안빈낙도	게으름뱅이

낱말 거꾸로 말하기 8

낱말을 불러 주면 들은 대로 따라 말하고, 말한 낱말을 다시 거꾸로 말해 봅시다(끝까지 말해 보는 데 걸리는 시간과 틀리게 말한 횟수를 기록해서 변화를 관찰한다).

월 일	틀린 횟수:		걸린 시간:
미술실	전자시계	기절초풍	아인슈타인
작곡가	선글라스	황금연휴	견인자동차
피아노	손톱깎이	얼렁뚱땅	엄지발가락
가야금	교통카드	무당벌레	이차방정식
운동장	여행가방	고성방가	캐스터네츠
신입생	피라미드	모나리자	우주탐사선
온도계	국회의원	스파게티	고층사다리
하수도	콘크리트	교통사고	반달가슴곰

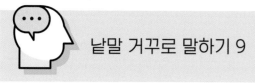

낱말 거꾸로 말하기 9

📋 낱말을 불러 주면 들은 대로 따라 말하고, 말한 낱말을 다시 거꾸로 말해 봅시다(끝까지 말해 보는 데 걸리는 시간과 틀리게 말한 횟수를 기록해서 변화를 관찰한다).

월 일	틀린 횟수:		걸린 시간:
태풍주의보	방울토마토	법률전문가	최저생계비
소크라테스	홍수주의보	환경호르몬	오이디푸스
고추잠자리	오스트리아	체질량지수	부재자투표
고구려역사	진공청소기	수도계량기	광릉수목원
광개토대왕	우주비행사	노인과바다	건축학개론
마지막잎새	아열대기후	카레라이스	해양심층수
정월대보름	식기세척기	로봇청소기	인권위원회
반달가슴곰	심술꾸러기	인터넷뱅킹	다국적기업

낱말 거꾸로 말하기 10

📋 낱말을 불러 주면 들은 대로 따라 말하고, 말한 낱말을 다시 거꾸로 말해 봅시다(끝까지 말해 보는 데 걸리는 시간과 틀리게 말한 횟수를 기록해서 변화를 관찰한다).

월 일	틀린 횟수:		걸린 시간:
룩셈부르크	고맙습니다	트라이앵글	데칼코마니
엘리베이터	지하철노선	법무부장관	중국어사전
탄산나트륨	공기청정기	인터넷자료	낙하산부대
나무젓가락	자동판매기	아열대기후	공항활주로
아이스크림	에델바이스	포트폴리오	불침략조약
수학익힘책	팔레스타인	삼인칭소설	음주단속반
크리스마스	실내화가방	크로마뇽인	흥부놀부전
화이트데이	민간항공기	노동기본권	장화홍련전

숫자 거꾸로 세기, 숫자빼기 1

❶ 작업기억

📋 먼저 50~1 또는 100~1까지의 숫자를 거꾸로 차례차례 말해 봅시다.

📋 50 또는 100에서부터 2씩 뺀 숫자를 말해 봅시다(암산으로만 해야 한다).

월	일		틀린 횟수:				걸린 시간:		
100	99	98	97	96	95	94	93	92	91
90	89	88	87	86	85	84	83	82	81
80	79	78	77	76	75	74	73	72	71
70	69	68	67	66	65	64	63	62	61
60	59	58	57	56	55	54	53	52	51
50	49	48	47	46	45	44	43	42	41
40	39	38	37	36	35	34	33	32	31
30	29	28	27	26	25	24	23	22	21
20	19	18	17	16	15	14	13	12	11
10	9	8	7	6	5	4	3	2	1

숫자 빼기 2

📋 100에서부터 3씩 뺀 숫자를 말해 봅시다(암산으로만 해야 한다).

예) 100에서 3씩 빼기: 100, 97, 94, 91, …, 4, 1.

	월	일	틀린 횟수:				걸린 시간:		
100	99	98	97	96	95	94	93	92	91
90	89	88	87	86	85	84	83	82	81
80	79	78	77	76	75	74	73	72	71
70	69	68	67	66	65	64	63	62	61
60	59	58	57	56	55	54	53	52	51
50	49	48	47	46	45	44	43	42	41
40	39	38	37	36	35	34	33	32	31
30	29	28	27	26	25	24	23	22	21
20	19	18	17	16	15	14	13	12	11
10	9	8	7	6	5	4	3	2	1

숫자 빼기 3

1 작업기억

📋 100에서부터 5씩 뺀 숫자를 말해 봅시다(암산으로만 해야 한다).

예) 100에서 3씩 빼기: 100, 97, 94, 91, …, 4, 1.

	월	일	틀린 횟수:					걸린 시간:	
100	99	98	97	96	95	94	93	92	91
90	89	88	87	86	85	84	83	82	81
80	79	78	77	76	75	74	73	72	71
70	69	68	67	66	65	64	63	62	61
60	59	58	57	56	55	54	53	52	51
50	49	48	47	46	45	44	43	42	41
40	39	38	37	36	35	34	33	32	31
30	29	28	27	26	25	24	23	22	21
20	19	18	17	16	15	14	13	12	11
10	9	8	7	6	5	4	3	2	1

63

📋 100에서부터 7씩 뺀 숫자를 말해 봅시다(암산으로만 해야 한다).

예) 100에서 3씩 빼기: 100, 97, 94, 91, …, 4, 1.

월		일	틀린 횟수:				걸린 시간:		
100	99	98	97	96	95	94	93	92	91
90	89	88	87	86	85	84	83	82	81
80	79	78	77	76	75	74	73	72	71
70	69	68	67	66	65	64	63	62	61
60	59	58	57	56	55	54	53	52	51
50	49	48	47	46	45	44	43	42	41
40	39	38	37	36	35	34	33	32	31
30	29	28	27	26	25	24	23	22	21
20	19	18	17	16	15	14	13	12	11
10	9	8	7	6	5	4	3	2	1

숫자 빼기 5

📋 127에서부터 2씩 뺀 숫자를 말해 봅시다(암산으로만 해야 한다).

예) 100에서 3씩 빼기: 100, 97, 94, 91, …, 4, 1.

			월 일	틀린 횟수:			걸린 시간:		
			127	126	125	124	123	122	121
120	119	118	117	116	115	114	113	112	111
110	109	108	107	106	105	104	103	102	101
100	99	98	97	96	95	94	93	92	91
90	89	88	87	86	85	84	83	82	81
80	79	78	77	76	75	74	73	72	71
70	69	68	67	66	65	64	63	62	61
60	59	58	57	56	55	54	53	52	51
50	49	48	47	46	45	44	43	42	41
40	39	38	37	36	35	34	33	32	31
30	29	28	27	26	25	24	23	22	21
20	19	18	17	16	15	14	13	12	11
10	9	8	7	6	5	4	3	2	1

숫자 빼기 6

127에서부터 3씩 뺀 숫자를 말해 봅시다(암산으로만 해야 한다).

예) 100에서 3씩 빼기: 100, 97, 94, 91, …, 4, 1.

월	일		틀린 횟수:				걸린 시간:		
			127	126	125	124	123	122	121
120	119	118	117	116	115	114	113	112	111
110	109	108	107	106	105	104	103	102	101
100	99	98	97	96	95	94	93	92	91
90	89	88	87	86	85	84	83	82	81
80	79	78	77	76	75	74	73	72	71
70	69	68	67	66	65	64	63	62	61
60	59	58	57	56	55	54	53	52	51
50	49	48	47	46	45	44	43	42	41
40	39	38	37	36	35	34	33	32	31
30	29	28	27	26	25	24	23	22	21
20	19	18	17	16	15	14	13	12	11
10	9	8	7	6	5	4	3	2	1

 숫자 빼기 7

📋 127에서부터 5씩 뺀 숫자를 말해 봅시다(암산으로만 해야 한다).

예) 100에서 3씩 빼기: 100, 97, 94, 91, …, 4, 1.

	월	일	틀린 횟수:					걸린 시간:	
			127	126	125	124	123	122	121
120	119	118	117	116	115	114	113	112	111
110	109	108	107	106	105	104	103	102	101
100	99	98	97	96	95	94	93	92	91
90	89	88	87	86	85	84	83	82	81
80	79	78	77	76	75	74	73	72	71
70	69	68	67	66	65	64	63	62	61
60	59	58	57	56	55	54	53	52	51
50	49	48	47	46	45	44	43	42	41
40	39	38	37	36	35	34	33	32	31
30	29	28	27	26	25	24	23	22	21
20	19	18	17	16	15	14	13	12	11
10	9	8	7	6	5	4	3	2	1

숫자 빼기 8

📋 127에서부터 7씩 뺀 숫자를 말해 봅시다(암산으로만 해야 한다).

예) 100에서 3씩 빼기: 100, 97, 94, 91, …, 4, 1.

월	일		틀린 횟수:				걸린 시간:		
			127	126	125	124	123	122	121
120	119	118	117	116	115	114	113	112	111
110	109	108	107	106	105	104	103	102	101
100	99	98	97	96	95	94	93	92	91
90	89	88	87	86	85	84	83	82	81
80	79	78	77	76	75	74	73	72	71
70	69	68	67	66	65	64	63	62	61
60	59	58	57	56	55	54	53	52	51
50	49	48	47	46	45	44	43	42	41
40	39	38	37	36	35	34	33	32	31
30	29	28	27	26	25	24	23	22	21
20	19	18	17	16	15	14	13	12	11
10	9	8	7	6	5	4	3	2	1

동요 거꾸로 부르기 1

❶ 작업기억

📋 동요 〈학교 종이 땡땡땡〉을 거꾸로 불러 봅시다.

학교 종이 땡땡땡

어서 모이자

선생님이 우리를

기다리신다

교학 이종 땡땡땡

서어 자이모

이님생선 를리우

다신리다기

동요 거꾸로 부르기 2

📋 동요 〈올챙이와 개구리〉를 거꾸로 불러 봅시다.

개울가에 올챙이 한 마리

꼬물꼬물 헤엄치다

뒷다리가 쑥

앞다리가 쑥

팔딱팔딱 개구리 됐네

에가울개 이챙올 한 리마

물꼬물꼬 다치엄헤

가리다뒷 쑥

가리다앞 쑥

딱팔딱팔 리구개 네됐

동요 〈곰 세 마리〉를 거꾸로 불러 봅시다.

곰 세 마리가 한 집에 있어

아빠곰 엄마곰 애기곰

아빠곰은 뚱뚱해 엄마곰은 날씬해

애기곰은 너무 귀여워

으쓱으쓱 잘한다.

곰 가리마세 에한 집 어있

곰빠아 곰마엄 곰기애

은곰빠아 해뚱뚱 은곰마엄 해씬날

은곰기애 무너 워여귀

쓱으쓱으 다한잘

동요 거꾸로 부르기 4

📋 동요 〈퐁당퐁당〉을 거꾸로 불러 봅시다.

> 퐁당퐁당 돌을 던지자
>
> 누나 몰래 돌을 던지자
>
> 냇물아 퍼져라
>
> 멀리멀리 퍼져라
>
> 건너편에 앉아서 나물을 씻는
>
> 우리 누나 손등을 간지러 주어라

> 당퐁당퐁 을돌 자지던
>
> 나누 래몰 을돌 자지던
>
> 아물냇 라져퍼
>
> 리멀리멀 라져퍼
>
> 에편너건 서아앉 을물나 는씻
>
> 리우 나누 을등손 러지간 라어주

2 기억력

얼굴과 이름 함께 기억하기 1

다음 그림 속 친구들의 이름을 잘 기억해 봅시다(어떤 방법으로 얼굴과 이름을 기억할 것인지 먼저 이야기해 보고 외운다. 제한시간: 2분).

얼굴과 이름 함께 기억하기 2

📋 앞에서 기억했던 친구들의 이름을 적어 봅시다. 어떤 방법으로 기억했는지 이야기해 봅시다(처음에 제시된 그림과 같은 위치에 친구들의 이름을 적도록 구성된다).

📋 앞에서 기억했던 친구들의 이름을 적어 봅시다. 어떤 방법으로 기억했는지 이야기해

　봅시다(처음에 제시된 그림과 같은 위치에 친구들의 이름을 적도록 구성된다).

반복해서 소리 내어 읽거나, 손으로 여러 번 쓰면서 외우기

- 외워야 할 내용을 보고 소리 내어 읽어서 그 내용을 자신에게 들려 주면 청각, 시각 등을 통해 뇌에 전달되므로 더 잘 기억된다.
- 외워야 할 내용을 말하면서 여러 번 쓰는 방법은 손으로 쓰면서 읽기도 하기 때문에 더 잘 기억된다. 특히 한자나 외국 어의 낱말들을 외울 때 쓰면서 외우는 경우가 많다.

다음의 낱말들을 소리 내어 읽거나 쓰면서 외운 후, 보지 말고 외운 내용을 적어 봅시다(제한시간: 각각 3분).

1.
> 화물선, 유조선, 우주선, 레미콘, 소방차, 컨테이너트럭, 구급차

》 ....

2.
> 개미, 사마귀, 독수리, 메뚜기, 꿀벌, 참새, 공작새

》 ....

3.
> 山, 天, 人, 父, 母, 木, 行

》 ....

첫 글자로 기억하기

1) 기억해야 할 낱말의 첫 글자만 모아서 외운다.
2) 동일한 첫 글자를 가진 낱말이 여러 개 있을 때에는 두 번째 글자를 이용하는 등의 방법으로 융통성을 발휘한다.
3) 외우기 쉬운 순서로 낱말의 위치나 순서를 바꿀 수도 있다.

예

다음은 여러 가지 색깔입니다. 다음과 같이 첫 글자를 활용하여 암기해 봅시다.

빨강, 주황, 노랑, 초록, 파랑, 남색, 보라

≫ "빨, 주, 노, 초, 파, 남, 보"

 연습

1.
국어, 수학, 사회, 과학, 영어, 도덕, 음악, 미술, 체육

≫

2.
오토바이, 자동차, 기차, 돛단배, 비행기, 전화, 편지, 컴퓨터

≫

3.
소, 원숭이, 강아지, 토끼, 까치, 매미, 참새, 거북이

≫

문장 만들어 기억하기

1) 복잡하거나 서로 관련짓기가 어려운 사실을 기억해야 할 때 또는 암기할 양이 많을 때 새로운 문장으로 만들어 기억하는 방법이다.
2) 이때 순서가 중요하지 않은 내용이라면 외우기 쉬운 순서로 낱말의 위치나 순서를 바꿀 수 있다.

예

다음은 우리나라의 명산입니다. 다음과 같이 문장을 만들어 암기해 봅시다.

> 북한산, 속리산, 소백산, 설악산, 지리산, 한라산, 도봉산

» "북한이 왜 소속도 밝히지 않는지 설명해 보세요."

 연습

1.
> 밥, 김치, 국, 찌개, 반찬, 김, 냉장고

»

2. 우리나라의 행정구역-시
> 서울, 세종, 부산, 인천, 대전, 울산, 대구, 광주

»

3. 우리나라의 행정구역-도
> 경기도, 강원도, 충청북도, 충청남도, 전라북도, 전라남도, 경상북도, 경상남도, 제주도

»

같은 특성끼리 묶어서 기억하기 1

2 기억력

1) 종류별로 묶어서 기억하기
2) 동일한 특성을 가진 낱말끼리 묶어서 기억하고 회상할 때도 이를 이용한다.

버스	비행기	침대	다람쥐
배	바나나	원숭이	책꽂이
포도	악어	곰	소파
자동차	의자	책상	수박
사과	딸기	기차	얼룩말

같은 특성끼리 묶어서 기억하기 2

📋 앞에서 암기했던 것들을 다음 표에 종류별로 나누어 적어 봅시다.

범주	낱말	낱말 개수
가구		
동물		
탈 것		
과일		

📋 앞에서 기억했던 것들을 다음 표에 모두 적어 봅시다.

📋 다음의 낱말들을 묶어서 암기해 봅시다.

셔츠	자동차	공책	연필
오토바이	수저	냄비	비행기
양말	치마	크레파스	볼펜
지우개	기차	점퍼	바지
밥공기	젓가락	돛단배	주전자

📋 앞의 20개 낱말을 같은 특성끼리 묶어서 적어 봅시다.

범주	낱말	낱말 개수
의류		
식기류		
문구류		
탈 것		

📋 앞의 내용을 가린 후 암기한 내용을 적어 봅시다.

내용을 시각화하여 기억하기

📋 외워야 할 내용을 상상해서 머릿속에 그림으로 떠올려 기억해 봅시다(처음에는 상상하는 내용을 말로 표현하고 빠진 내용에 대해 추가적으로 상상해 보게 하는 구체화 과정이 필요하다).

보기

이순신 장군이 1597년에 12척의 배를 이끌고 왜군과 싸운 해전은 명량해전이다.

📋 다음 문장을 읽고 상상해서 그림으로 그려 보면서 문장을 기억해 봅시다.

개미는 땅속에 집을 짓고 살며, 자기 몸무게의 60배인 물체를 끌고 갈 수 있다.

의식주는 우리가 살아가는 데 기본이 되는 옷, 음식, 집을 말합니다.

마인드맵을 활용하여 기억하기

📋 핵심어(가장 중요하다고 생각되는 낱말)를 가운데 놓고, 관련된 낱말들을 이어 가는 마인드맵을 활용해서 기억하는 방법입니다.

보기

날씨의 기상요소는 기온, 바람, 구름, 비다. 날씨에 따라 생활모습이 달라지며, 날씨를 아는 방법으로는 TV나 라디오, 신문, 인터넷 등이 있다.

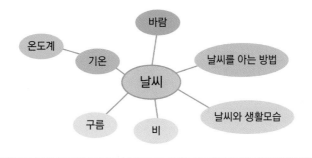

📋 핵심어와 관련된 낱말들을 찾고, 그 낱말들로 마인드맵을 그리면서 기억해 봅시다.

오늘날의 의사소통 수단을 알아봅시다. 오늘날의 의사소통 수단으로는 전자우편, 휴대전화 등이 있습니다. 이것들을 이용해서 먼 곳에 있는 사람과 쉽고 빠르게 소식을 주고 받을 수 있습니다. 인터넷으로 어디에서나 짧은 시간 안에 다양하고 많은 정보를 얻을 수 있습니다.

이 내용을 마인드맵으로 나타내 보기

핵심어로 기억하기

📋 '핵심어로 기억하기'는 어려운 개념이나 많은 내용을 암기해야 할 때 가장 중요한 낱말이나 구절을 듣고 기억하는 방법입니다.

📋 다음 글은 현장체험학습과 관련된 글입니다. 여기서 중요하다고 생각되는 내용을 찾아 밑줄을 긋고, 그중에서 세 가지만 적고 외워 봅시다. 중요하다고 생각되는 이유를 말해 봅시다.

> 드디어 새 학년이 되고 거의 두 달이 지나고 현장체험학습을 가는 날이 왔습니다. 기다리고 기다리던 현장체험학습이라 신이 난 우리들은 선생님의 말씀에 귀를 기울였습니다.
> 현장체험학습은 4월 25일 수요일에 간다고 하였습니다. 나는 개인적으로 수요일에 가는 것보다는 금요일에 가는 것이 더 좋지만 수요일에 가도 나쁘지는 않다고 생각했습니다. 다음은 선생님께서 현장체험학습 장소에 대해 말씀해 주실 차례였습니다. 4학년 때도 갔던 국립박물관은 아니기를 바랐는데, 선생님께서 박물관이라고 말씀을 하시는 통에 우리 반 아이들의 얼굴에는 실망하는 빛이 역력하였습니다. 그러자 선생님께서 웃으시며 이번 현장체험학습은 박물관 옆 놀이동산에 간다고 말씀하시자, 순간 우리 반 친구들은 환호성을 지르며 좋아했습니다.

1) _____ 2) _____ 3) _____

📋 다음의 내용을 읽고 핵심어를 찾은 다음, 내용을 보지 않고 주제어로만 그 내용을 기억해 봅시다. 이 글에서 핵심어 세 가지를 찾은 다음 핵심어 위주로 읽어 봅시다.

> 피라미드는 지금으로부터 5000년 전 이집트에서 만들어졌다. 이 피라미드는 무게가 몇 톤이나 되는 돌을 쌓아 만든 것이다. 이 같이 크고 무거운 돌을 어떤 방법으로 운반했을까?
> 크고 무거운 돌을 나무 썰매에 올려 놓고 썰매 밑에 굴러가도록 통나무를 깐다. 썰매 뒤에 기다란 막대를 대고 막대를 아래로 누른다. 그러면 썰매가 들어 올려지므로 이때 썰매를 당기기만 하면 무거운 것도 쉽게 움직일 수 있다. 무거운 돌을 올려 놓은 썰매를 들어 올린 막대기가 바로 지레의 작용을 한 것이다.

1) _____ 2) _____ 3) _____

📋 문장들 속에서 규칙이나 공통점을 찾아보고, 구분하기 쉽도록 그림이나 개념도로 만들어서 외우는 방법입니다. 이런 방법을 사용하면 외워야 할 내용을 한눈에 보기가 쉽고, 헷갈리지 않아서 기억하기 쉬우며, 복잡한 내용도 간단하게 요약할 수 있습니다.

예

나무의 종류는 침엽수와 활엽수로 나뉜다. 침엽수는 나뭇잎의 모양이 바늘 모양이고, 활엽수는 잎이 넓적하다. 침엽수로는 삼나무와 소나무가 있으며, 활엽수로는 느티나무와 오동나무가 있다. 침엽수는 건축 재료로 주로 쓰이며 활엽수는 가구제작이나 실내장식에 쓰인다.

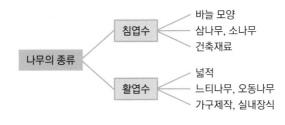

📋 다음의 글을 읽고 그림이나 도표로 그려서 외운 후, 전체 내용에 대해 이야기해 봅시다.

지구에서 공룡이 사라진 이유에 관해서 여러 가지 주장이 있으나 네 가지로 요약할 수 있습니다. 첫째는 기온이 갑자기 뚝 떨어져 식물이 말라 죽어 먹을 것이 없어서, 둘째는 기온이 뚝 떨어졌는데 체온조절 능력이 없어서, 셋째는 낳은 알의 껍질이 이상하게 두꺼워져서 새끼가 뚫고 나오지 못해서, 넷째는 쥐와 같은 작은 포유류가 나타나 공룡의 알을 모두 먹어치워서 입니다. 하지만 아직도 이 주장을 확실하게 뒷받침하는 증거는 없습니다.

그림 또는 도표

암기법 활용 연습 1

📋 다음에 제시되는 정보나 내용을 앞에서 배웠던 암기법을 활용해서 외워 봅시다(암기하기 전에 정보의 특성과 어떤 암기법을 사용해서 외울지에 대해 이야기 나누고 시작한다).

1. 다음은 우리나라의 24절기를 나열한 것입니다. 24절기를 어떻게 기억할지 말해 보고 그 방법을 사용해서 외워 봅시다.

> 봄: 입춘, 우수, 경칩, 춘분, 청명, 곡우
> 여름: 입하, 소만, 망종, 하지, 소서, 대서
> 가을: 입추, 처서, 백로, 추분, 한로, 상강
> 겨울: 입동, 소설, 대설, 동지, 소한, 대한

2. 다음의 내용 각각을 외워 봅시다. 각각의 정보에 따라 어떤 방법으로 기억할지 말해 보고 외워 봅시다.

암기할 내용	사용할 암기 방법
1)	
2) 한국은행, 민수빈, 131-3562-2942	
3) 헌법에 나타난 국민의 자유 ① 신체의 자유, ② 언론의 자유, ③ 거주이전의 자유, ④ 직업선택의 자유, ⑤ 학문의 자유, ⑥ 종교의 자유	
4) 신현득의 〈새싹〉이라는 시의 일부 세상은 넓구나 파란 하늘이 보인다. 움매움매 송아지 울음도 들린다.	

※ 2번에 사용된 이름과 계좌번호는 실제 사용되지 않는 가상의 번호임.

86

📋 앞에서 암기한 내용은 기억해서 적어 봅시다.

1. 앞에서 외운 우리나라의 24절기를 모두 적어 봅시다.

2. 기억한 각각의 정보를 적어 보고 어떤 방법으로 기억했는지도 적어 봅시다.

암기할 내용	사용할 암기 방법
1)	
2)	
3)	
4)	

행동억제력이란

행동억제력이란 과제를 수행하거나 지시에 따라서 행동을 해야 할 때, 주변의 분산이나 방해 자극에 충동적으로 반응하지 않고, 상황 전체를 잘 평가해서 행동하는 것을 말한다. 즉, 습관이나 충동에 따라 행동하는 것을 억제하는 것이다.

행동억제가 잘 되지 않는 사람은 계획한 목표를 쉽게 달성하기 어렵고, 유혹에 쉽게 넘어가며, 신호등만 보고 달려오는 차를 보지 않아서 위험에 처하기 쉽다. 그 외에도 내려야 할 층수를 확인하지 않고 엘리베이터 문이 열리면 따라 내리기, 다른 사람의 입장을 고려하지 않고 생각나는 대로 말하기, 충동구매, 문제를 끝까지 읽지 않고 수학 문제를 풀기, 주의가 산만해서 학습이 어려움 등의 특성이 있다.

경계선 지적 기능 아동·청소년의 대표적인 특성들 중에서 예측하기를 어려워하고, 주의산만하며, 충동적으로 행동하는 경향이 포함되어 있다. 이러한 특성들은 이들이 또래에 비해 행동억제력을 발휘하기 어렵게 만든다.

행동억제를 위한 활동들은 본격적인 학습을 시작하기 전에 준비운동과 같은 개념으로 놀이 삼아 실시해도 좋다. 매 활동마다 활동지를 해내는 시간을 기록하여 변화여부를 관찰하게 하면 동기부여가 될 수 있다.

활동 목표

1. 선택적 주의집중 능력을 키워서 필요한 자극에만 집중할 수 있도록 훈련한다.
2. 행동하기 전에 생각하는 습관을 형성하고 유지할 수 있게 한다.

3 행동억제

 행동억제를 위한 훈련 1

다음 그림을 보고 ⛄은 '비'라고 답하고, ☂은 '눈'이라고 답해 봅시다(왼쪽에서 오른쪽으로 혹은 위에서 아래로 내려가며 읽고, 끝까지 읽는 데 걸리는 시간을 기록한다).

월	일	틀린 횟수:	걸린 시간:
☂	☂	⛄	⛄
⛄	☂	☂	⛄
☂	⛄	⛄	☂
⛄	☂	⛄	☂
☂	⛄	☂	⛄
☂	☂	⛄	☂
⛄	☂	☂	☂
⛄	☂	☂	⛄

89

행동억제를 위한 훈련 2

📋 다음 그림을 보고 ☃은 '비'라고 답하고, ☂은 '눈'이라고 답해 봅시다(왼쪽에서 오른쪽으로 혹은 위에서 아래로 내려가며 읽고, 끝까지 읽는 데 걸리는 시간을 기록한다).

월	일	틀린 횟수:		걸린 시간:
☂	☂	☃	☃
☃	☂	☂	☃
☂	☃	☃	☂
☃	☂	☃	☂
☂	☃	☂	☃
☂	☂	☃	☂
☃	☂	☂	☂
☃	☂	☂	☃

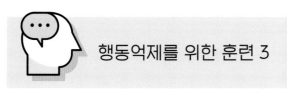
📋 다음 그림을 보고 ⛄은 '비'라고 답하고, ☂은 '눈'이라고 답해 봅시다.

월 일	틀린 횟수:		걸린 시간:
⛄	☂	⛄	⛄
⛄	⛄	☂	⛄
☂	⛄	⛄	☂
⛄	☂	⛄	☂
☂	⛄	☂	⛄
☂	☂	⛄	☂
⛄	☂	☂	☂
☂	⛄	⛄	☂
⛄	☂	⛄	☂
⛄	☂	☂	⛄

행동억제를 위한 훈련 4

📋 다음 그림을 보고 ☀️은 '밤'이라고 답하고, ★은 '낮'이라고 답해 봅시다(왼쪽에서 오른쪽으로 혹은 위에서 아래로 내려가며 읽고, 끝까지 읽는 데 걸리는 시간을 기록한다).

월 일	틀린 횟수:	걸린 시간:
☀️	★	★
★	☀️	★
☀️	★	☀️
☀️	☀️	★
★	★	☀️
★	☀️	★

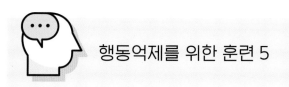

📋 다음 그림을 보고 ☀은 '밤'이라고 답하고, ★은 '낮'이라고 답해 봅시다(왼쪽에서
오른쪽으로 혹은 위에서 아래로 내려가며 읽고, 끝까지 읽는 데 걸리는 시간을 기록한다).

월	일	틀린 횟수:	걸린 시간:
☀	☀	★	★
★	★	☀	★
☀	★	★	☀
★	☀	★	☀
☀	★	☀	★
☀	☀	★	☀
★	☀	★	☀
★	☀	☀	★

📋 다음 그림을 보고 ☀은 '밤'이라고 답하고, ★은 '낮'이라고 답해 봅시다.

월	일	틀린 횟수:		걸린 시간:
☀	☀	☀	★
★	★	☀	★
☀	★	★	☀
★	☀	★	☀
☀	★	☀	★
☀	☀	★	☀
★	☀	★	☀
★	☀	★	☀
☀	★	☀	★
★	☀	☀	☀

📋 다음 각각의 그림을 보면서 말, 책, 배, 집, 눈이라고 소리 내어 읽어 봅시다(왼쪽에서 오른쪽으로 혹은 위에서 아래로 내려가며 읽고, 끝까지 읽는 데 걸리는 시간을 기록한다).

월　　　일	틀린 횟수:	걸린 시간:
책	눈	배
말	집	말
집	배	눈
책	말	집
배	눈	배
눈	배	책
집	말	말
집	말	집

행동억제를 위한 훈련 8

📋 다음 각각의 그림을 보면서 말, 책, 배, 집, 눈이라고 소리 내어 읽어 봅시다(왼쪽에서
오른쪽으로 혹은 위에서 아래로 내려가며 읽고, 끝까지 읽는 데 걸리는 시간을 기록한다).

월 일		틀린 횟수:		걸린 시간:
🐴	🏠	📕	🐴	📕
📕	📕	👁	🏠	⛵
⛵	🐴	🏠	⛵	🐴
👁	🏠	⛵	📕	👁
⛵	📕	🐴	👁	🏠
🏠	⛵	👁	🏠	⛵
🐴	👁	⛵	📕	📕
👁	🏠	🐴	👁	🐴
⛵	📕	👁	⛵	📕
🐴	🏠	🐴	👁	🏠

월	일	틀린 횟수:		걸린 시간:
⛵	⛵	📕	🏠	📕
👁	📕	👁	🐎	🐎
⛵	🐎	🏠	⛵	🐎
📕	🏠	⛵	📕	👁
⛵	📕	🐎	👁	🏠
🏠	🏠	👁	🏠	⛵
🐎	👁	⛵	📕	📕
👁	🏠	🐎	👁	🐎
⛵	📕	👁	⛵	📕
🐎	🏠	🐎	👁	🏠
⛵	📕	🐎	👁	🏠

다음 각각의 그림을 보면서 '배, 차, 개, 별, 손'이라고 소리 내어 읽어 봅시다(왼쪽에서 오른쪽으로 혹은 위에서 아래로 내려가며 읽고, 끝까지 읽는 데 걸리는 시간을 기록한다).

월 일	틀린 횟수:	걸린 시간:

월 일	틀린 횟수:	걸린 시간:

청기백기 게임 1

🗒 왼손에는 청기를 오른손에는 백기를 들고서, 다음의 내용을 듣고 청기 혹은 백기를 들어 봅시다(연속으로 30회가량 한다. 색종이로 깃발을 만들 수도 있고, 빨강색과 파랑색 색연필을 들고 해도 좋다).

1) 청기 올려	16) 백기 내려
2) 백기 올려	17) 청기 내려
3) 청기 올리지 마	18) 청기 올려
4) 청기 올려	19) 청기 올리고 백기 올려
5) 백기 올리지 마	20) 청기 들지 말고 백기 들어
6) 백기 올리지 말고 청기 올려	21) 청기 올리고 백기 내려
7) 백기 올리지 말고 백기 내려	22) 청기 내리지 말고 백기 내려
8) 백기 내려	23) 백기 올려
9) 청기 내려	24) 백기 올려
10) 청기 내리지 말고 백기 올려	25) 청기 내리고 백기 올려
11) 백기 내려	26) 백기 올리지 마
12) 청기 내리지 말고 백기 올려	27) 청기 올려
13) 백기 올리지 말고 청기 올려	28) 청기 올리지 말고 백기 내려
14) 백기 올려	29) 백기 올려
15) 청기 올리지 말고 백기 올려	30) 청기 올리지 말고 백기 내려

왼손에는 청기를 오른손에는 백기를 들고서, 다음의 내용을 듣고 청기 혹은 백기를 들어 봅시다(연속으로 30회가량 한다. 색종이로 깃발을 만들 수도 있고, 빨강색과 파랑색 색연필을 들고 해도 좋다).

1) 청기 올리지 마	16) 청기 내리지 마
2) 백기 올려	17) 청기 내려
3) 청기 올리지 마	18) 청기 올리지 마
4) 청기 올려	19) 청기 올리고 백기 올려
5) 청기 올려	20) 청기 올리지 말고 백기 올어
6) 백기 올리지 말고 청기 올려	21) 청기 올리고 백기 내려
7) 백기 올리지 말고 청기 내려	22) 청기 내리지 말고 백기 올려
8) 백기 내려	23) 백기 내려
9) 백기 올려	24) 백기 올려
10) 백기 내리지 말고 청기 올려	25) 청기 올리고 백기 내려
11) 백기 올려	26) 백기 올리지 마
12) 청기 내리지 말고 백기 올려	27) 청기 내려
13) 백기 올리지 말고 청기 올려	28) 청기 내리지 말고 백기 내려
14) 백기 내려	29) 백기 올려
15) 백기 올리지 말고 청기 올려	30) 청기 내리지 말고 백기 올려

집행력이란

집행력은 실행기능(executive function)이라고도 불리며, 뇌의 전전두엽에서 담당하는 고차원적인 인지처리 과정이다. 어떤 문제가 생겼을 때 적절한 문제해결 전략을 세우고, 이를 실행하는 데 필요한 인지, 정서, 행동 기능을 생각해 내서 방향을 설정하고 조절하는 것을 뜻한다. 집행력은 조절기능과 관리기능을 가지고 있어서, 목표로 정한 행동을 수행하기 위해서 불필요한 행동 억제, 목표를 설정하고 문제해결을 위해 계획하여 활동이나 정보를 조직화하는 것, 융통성 있게 문제해결 전략을 수정하는 것, 자신의 행동을 스스로 감독(monitor)하고 평가하는 것을 포함한다.

집행력은 나이가 들면서 함께 발달해 가는 능력으로 뇌의 전두엽이 성장하면서 단계적으로 발달한다. 일반적인 아동을 대상으로 하는 연구에 따르면 집행력의 하위 영역 중 억제 능력은 4세에 급격히 발달하고, 주의통제 능력은 5~8세 사이에 주로 향상되며, 한 가지 의미 있는 자극에서 다른 자극으로의 주의를 전환할 수 있는 능력은 4~5세 동안에 유의미하게 성장한다. 계획 능력은 6세 경에, 7~10세 동안에는 인지적 융통성과 목표설정 능력이 급격히 향상되며, 정보처리 능력의 향상은 9~12세에 두드러진다. 10세 이후에 전두엽에서 정서를 관장하게 되면서 주의력의 폭이 증가하고 정보처리 속도가 빨라진다는 연구결과가 있다.

집행력은 학습적인 측면, 적응행동과 대인관계에 영향을 미쳐서 사회적응력을 키워 가는 데 꼭 필요한 요소다. 학습적인 측면에서, 주어진 학습을 하기 위해서는 필요한 학습방법을 찾고, 자신에게 적합한 학습활동을 계획하고 실천하면서 효율성을 평가하고, 노력의 결과를 체크해서 수정 보완할 수 있는 '학습에 대한 집행력'이 발달해야 효율적인 학습이 가능하다. 학령기의 학습 수준이 아동의 자아존중감을 비롯한 여러 심리적 발달에 매우 큰 영향을 미치기 때문에 '학습에 대한 집행력'은 아동기의 인지기능 발달에서 고려해야 할 요소다. 적응행동 측면에서는 부적응행동을 수정하기 위해 스스로 계획을 세우고, 목표를 설정한 후, 목표 달성을 위한 전략과 자원을 활용하고 실제로 행동에 옮겨서 자신의 행동의 결과를 점검하고 욕구를 조절하는 '적응행동에 대한 집행력'이 필요하다. 대인 관계적 측면에서는 자신과 타인의 정서를 인식하고 조절하는 자기조절 능력, 대인관계에서 일어나는 갈등 등의 문제해결 능력, 스트레스를 처리하는 능력 등의 '대인관계 형성 및 유지를 위한 집행력'이 요구된다.

경계선 지적 기능 아동·청소년의 집행력

경계선 지적 기능을 가진 아동·청소년은 획득한 정보를 처리하는 데 있어서 평균 이하의 효율성과 속도를 보인다. 받아들인 정보를 저장하고 회상하거나 적용하는 데 어려움이 있으며, 새로 학습한 내용을 이전에 배웠던 것에 적용하거나 일반화하는 데 어려움이 있다. 추상적인 개념에 대해 이해하고 사고를 통해 개념을 조작해서 사용하는 데 어려움을 가지고 있기 때문에 상징의 의미를 이해하지 못하고, 추상적 정보의 저장과 처리가 쉽지 않다. 정보처리의 효율성이 떨어져서 과제를 잘못 수행하거나 마치기도 전에 포기하는 경우가 잦다. 집행력의 효율성이 떨어짐으로 인해 읽기 학습에서 어려움을 겪는데, 글로 쓴 본문을 잘 이해하지 못하고 수학 능력에서 문제를 보인다는 공통점이 있다. 이처럼 경계선 지적 기능은 집행력의 효율성이 떨어진다는 대표적인 특징이 있다. 집행력 효율성의 결함은 성장하면서 이후의 언어발달과 학습 능력, 학교적응이나 사회적응에 누적적으로 영향을 미치게 되어 부적응을 초래하게 되는 것이다.

활동 목표

1. 목표를 수행하기 위해 행동억제, 활동이나 정보 순서화, 융통성 있게 정보를 조직화, 스스로의 행동을 감독하고 평가하는 사고 과정을 훈련한다.
2. 제시된 정보들로부터 규칙을 찾아서 추론할 수 있는 능력을 키운다.
3. 일상생활 속에서 장기기억 속의 정보를 더 빠른 속도로 정확하게 찾아낼 수 있게 훈련한다.
4. 일상생활에서 찾을 수 있는 규칙을 알고 문제 해결에 활용한다.

집행력

언어(범주) 유창성 1

제한 시간 1분 동안 해당 질문에 대한 답의 개수를 기록해 봅시다.

	질문	1차 시도 답의 개수	2차 시도 답의 개수
1.	배달시켜서 먹을 수 있는 음식 말해 보기		
2.	아이돌이나 걸그룹 이름 말해 보기		
3.	TV 프로그램 제목 말해 보기		
4.	나라 이름 생각나는 대로 말해 보기		
5.	주방에서 볼 수 있는 물건 말해 보기		

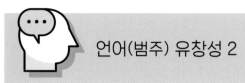

🗒 다음의 자음으로 시작되는 음식의 이름을 적어서 빈칸을 모두 채워 봅시다.

ㄱ	ㄴ	ㄷ	ㄹ
ㅁ	ㅂ	ㅅ	ㅇ
ㅈ	ㅊ	ㅋ	ㅌ
ㅍ	ㅎ	ㄲ	ㅆ

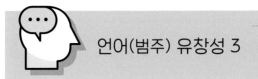
다음의 자음으로 시작되는 나라의 이름을 적어서 빈칸을 모두 채워 봅시다.

ㄱ	ㄴ	ㄷ	ㄹ
ㅁ	ㅂ	ㅅ	ㅇ
ㅈ	ㅊ	ㅋ	ㅌ
ㅍ	ㅎ		

언어(범주) 유창성 4

📋 다음의 자음으로 시작되는 낱말을 예문에서 찾아 빈칸에 적어 봅시다.

ㄱ	ㄴ	ㄷ	ㅁ
ㅂ	ㅅ	ㅇ	ㅈ
ㅊ	ㅋ	ㅌ	ㅎ

황소개구리

경수는 텔레비전에서 황소개구리를 보았습니다. 황소개구리는 외국에서 들여온 개구리라고 합니다. 그것은 몸집이 크고 힘도 세어 토종 개구리를 잡아먹는다고 합니다.

경수는 시골 할아버지 댁에 갔습니다. 경수는 황소개구리를 보려고 할아버지와 함께 개울로 갔습니다.

갑자기 찻길 옆 논둑에서 바스락 소리가 나더니 커다란 개구리 한 마리가 불쑥 나타났습니다.

"할아버지, 개구리가 정말 크네요."

"저것이 바로 황소개구리란다."

논둑 위에 나타난 황소개구리는 크기가 어른 손바닥보다도 더 커 보였습니다. 정말 큰 개구리였습니다.

"황소개구리가 더 많아지면 토종 개구리가 다 없어질지도 모르겠다. 외국의 것을 들여올 때에는 항상 앞일을 생각해야 한단다." 할아버지께서 말씀하셨습니다.

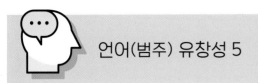

언어(범주) 유창성 5

❹ 집행력

🔖 한 개의 낱말을 말해 주거나 사진 또는 그림을 보여 준 후, 그 낱말 또는 그림과 관련된 낱말들에 대해 떠오르는 대로 말해 봅시다(제한시간: 1분).

낱말 또는 그림	생각나는 관련 낱말
사과	
시계	
창문	
쓰레기통	
책상	

언어(범주) 유창성 6

📋 한 개의 사진 또는 그림을 보여 준 후, 관련된 낱말들을 오감각으로 표현해 봅시다(제한시간: 2분).

사진 또는 그림	오감각으로 표현하기
	예시) 시각: 동그랗다. 빨갛다. 청각: 깨물면 아삭하는 소리가 날 것 같다. 후각: 향긋한 냄새가 난다. 미각: 단맛, 신맛 촉각: 겉은 보드랍다. 차갑다.
	시각: 청각: 후각: 미각: 촉각:
	시각: 청각: 후각: 미각: 촉각:
	시각: 청각: 후각: 미각: 촉각:

※ 시간제한 없이 하나의 사진을 보고 '오감각으로 표현하기'를 먼저 해 본 후, 다음 사진들에서는 시간을 제한해서 표현하게 한다.

사다리타기 1

재원이가 좋아하는 운동은 무엇일까요? 손을 사용하지 않고 눈으로만 사다리를 타서 문제의 정답을 맞혀 봅시다.

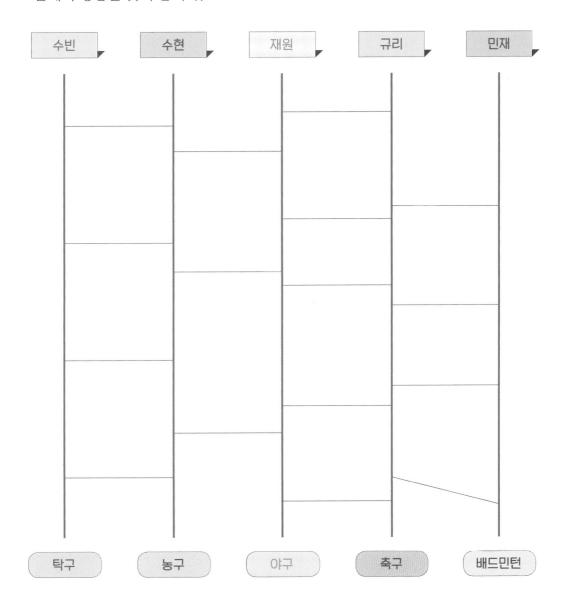

사다리타기 2

📋 친구들이 좋아하는 과목은 무엇일까요? 손을 사용하지 않고 눈으로만 사다리를 타서 문제의 정답을 맞혀 봅시다.

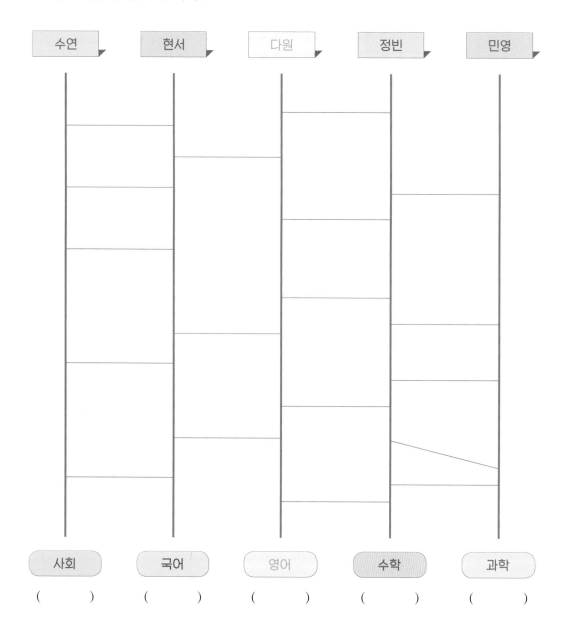

사다리타기 3

🗒 보라가 좋아하는 음식은 무엇일까요? 손을 사용하지 않고 눈으로만 사다리를 타서 문제의 정답을 맞혀 봅시다.

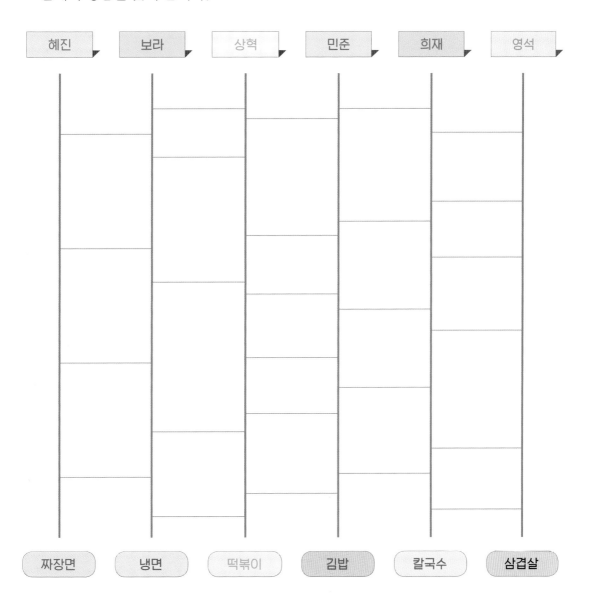

📋 각각의 지명이 어느 도에 속해 있는지 찾아서 해당 도의 다음 괄호에 적어 봅시다.

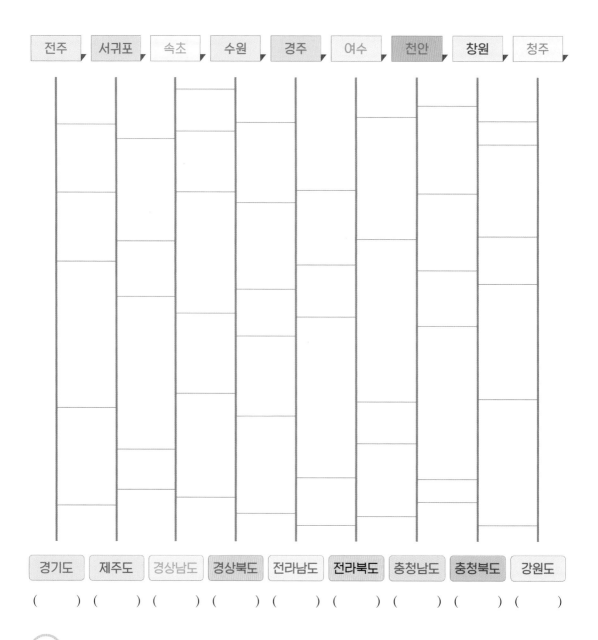

경기도   제주도   경상남도   경상북도   전라남도   전라북도   충청남도   충청북도   강원도

(   ) (   ) (   ) (   ) (   ) (   ) (   ) (   ) (   )

 미로 찾기 1

📋 미로 찾기(제한시간 1분)

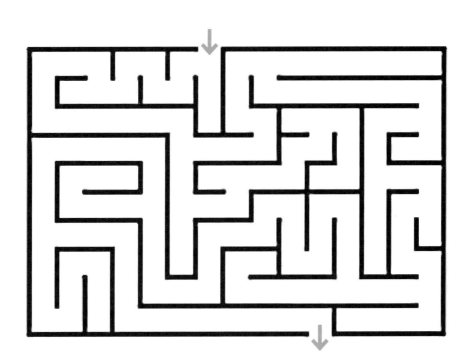

미로 찾기 2

📋 미로 찾기(제한시간 1분)

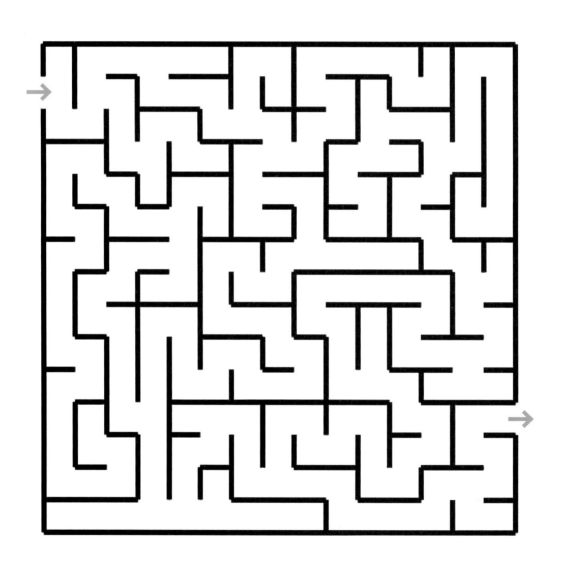

미로 찾기 3

📋 미로 찾기(제한시간 없음)

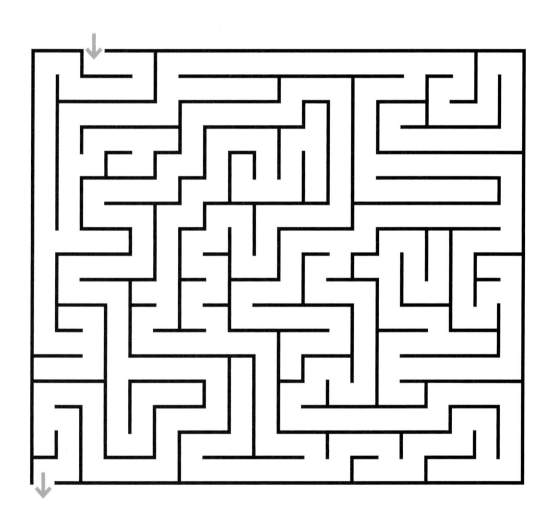

미로 찾기 4

📋 미로 찾기(제한시간 없음)

🖺 '?'에 적합한 그림은 어떤 것입니까? 어떤 이유로 그 그림을 선택했는지 말로 설명해
봅시다.

관련성 찾기 2

📋 왼편의 그림과 관련이 있는 그림을 찾아보고, 어떤 관련성이 있는지 말로 설명해 봅시다.

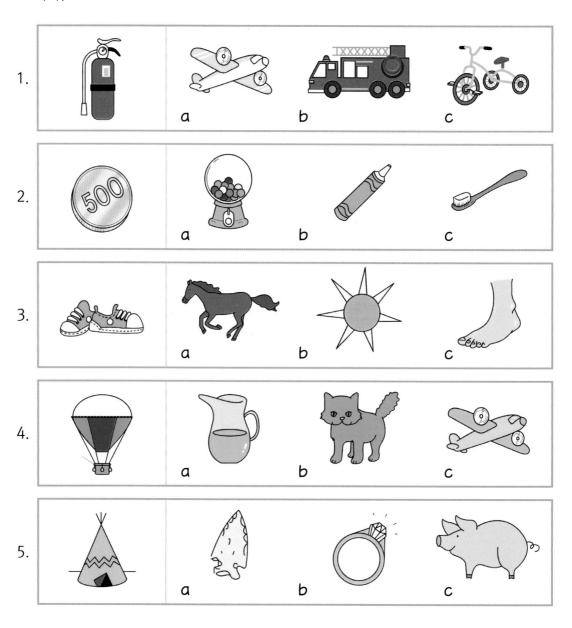

📋 왼편의 낱말과 관련이 있는 낱말을 찾아 동그라미 표시를 하고, 어떤 관련성이 있는 지 말로 설명해 봅시다.

강아지	사자	고양이	코끼리
비둘기	참새	얼룩말	기린
코끼리	기린	사자	하이에나
참치	개구리	고등어	도롱뇽
사자	소	돼지	호랑이
메뚜기	사마귀	까치	비둘기
모기	꿀벌	개미	파리

📋 왼쪽의 낱말과 특성이 다른 낱말을 찾아 동그라미 표시를 하고, 어떤 점이 다른지 말
로 설명해 봅시다.

펭귄	타조	갈매기	닭
야구공	배드민턴공	축구공	배구공
장화	우산	선글라스	우비
미끄럼틀	썰매	스키	그네
연필	자	볼펜	사인펜
물	얼음	음료수	기름
냄비	컵	도마	밥그릇

📋 왼쪽의 낱말과 특성이 다른 낱말을 찾아 동그라미 표시를 하고, 어떤 점이 다른지 말로 설명해 봅시다.

병	창문	유리컵	냄비
어항	수영장	돼지우리	새장
장갑	머플러	외투	수영복
튜브	풍선	농구공	야구공
비누	샴푸	주방세제	방향제
하마	곰인형	호랑이	참새
개미	메뚜기	사마귀	올챙이

다음 단어들 중 특성이 다른 낱말을 찾아 동그라미 표시를 하고, 어떤 점이 다른지 말로 설명해 봅시다.

뜨거운	따가운	차가운	미지근한
흐림	맑음	구름	하늘
자동차	의자	자전거	지하철
길	도로	항로	횡단보도
소파	침대	책상	냉장고
이슬비	가랑비	태풍	소나기
밀가루	설탕	소금	모래

📋 다음 그림들이 어떤 규칙으로 변화하는지 살펴보고, '?'에 어떤 그림이 와야 하는지 찾아봅시다.

1.

① (눈사람)   ② (우산)

2.

① (눈사람)   ② (우산)

3.

① (눈사람)   ② (우산)

규칙 찾기 2

📋 다음 그림들이 어떤 규칙으로 변화하는지 살펴보고, '?'에 어떤 그림이 와야 하는지
찾아봅시다.

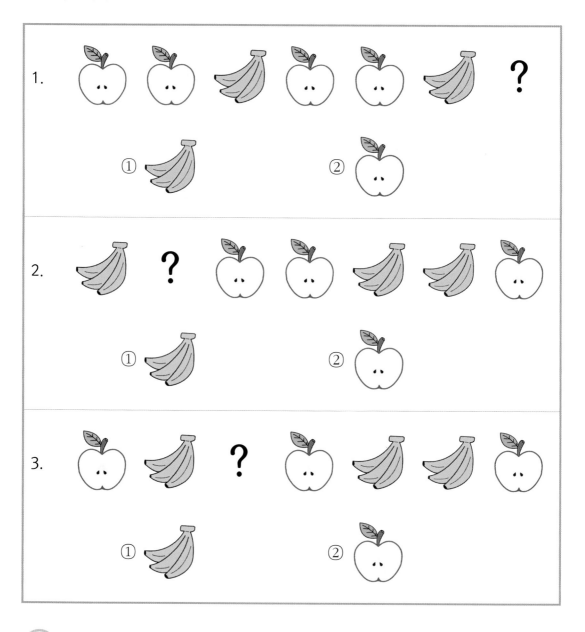

📋 다음 도형들이 어떻게 변화하는지 살펴보고 '?'에 어떤 도형이 와야 하는지 찾아봅시다.

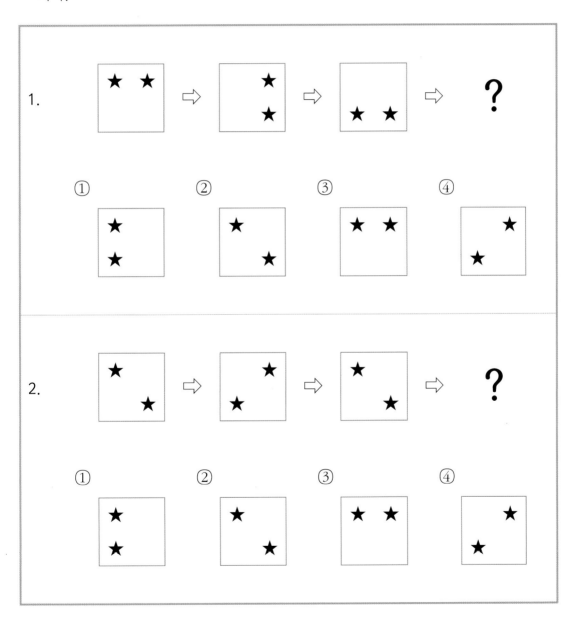

📋 다음 도형들이 어떻게 변화하는지 살펴보고 '?'에 어떤 도형이 와야 하는지 찾아봅시다.

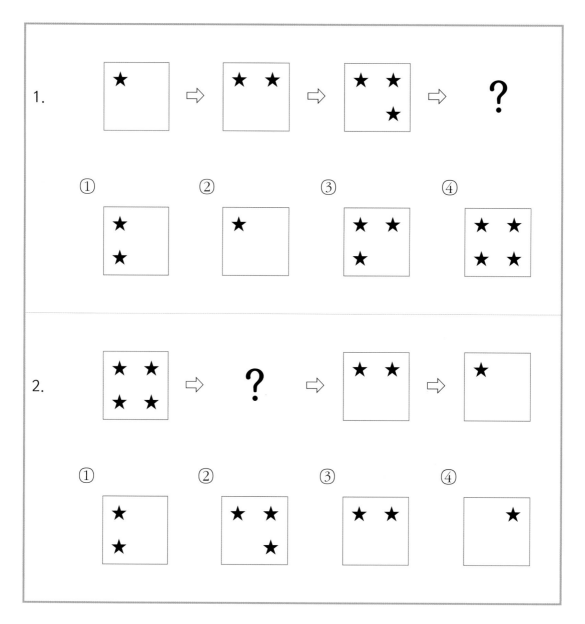

📋 다음 도형들이 어떻게 변화하는지 살펴보고 '?'에 어떤 도형이 와야 하는지 찾아봅시다.

1.

○　　　⇨　　　○　　　⇨　Ｘ　　　⇨　　**?**
　　Ｘ　　　　Ｘ　　　　　　○

　① 　　　　② 　　　　③ 　　　　④

　○　　　　　　○　　　　　Ｘ　　　○　Ｘ
　Ｘ　　　　Ｘ　　　　○

2.

Ｘ　Ｘ　⇨　　**?**　⇨　○　○　⇨　Ｘ　○
○　○　　　　　　　　Ｘ　Ｘ　　　Ｘ　○

　① 　　　　② 　　　　③ 　　　　④

○　Ｘ　　　Ｘ　Ｘ　　　○　Ｘ　　　Ｘ　○
○　Ｘ　　　○　○　　　Ｘ　○　　　○　Ｘ

規칙 찾기 6

📋 다음 규칙에 적합한 모양을 찾아 ○표 해 봅시다.

1.　　**규칙** 정사각형이고, 흰색이다.

2.　　**규칙** 타원모양이고, 바둑판 무늬다.

규칙 찾기 7

❹ 집행력

📋 다음 규칙에 적합한 모양을 찾아 ○표 해 봅시다.

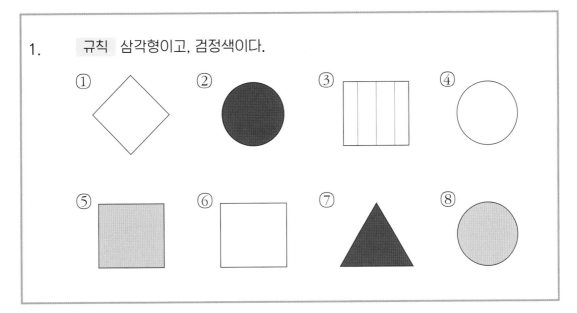

1. 규칙 삼각형이고, 검정색이다.

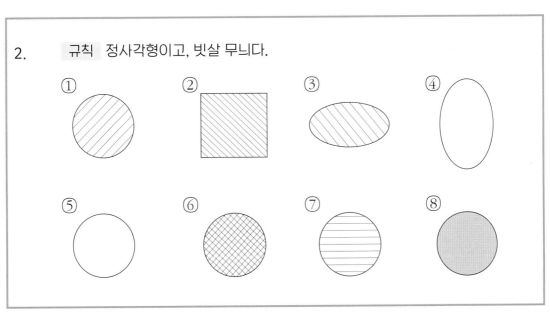

2. 규칙 정사각형이고, 빗살 무늬다.

규칙 찾기 8

📋 다음 도형들이 어떻게 변화하는지 살펴보고 '?'에 어떤 도형이 와야 하는지 찾아봅시다.

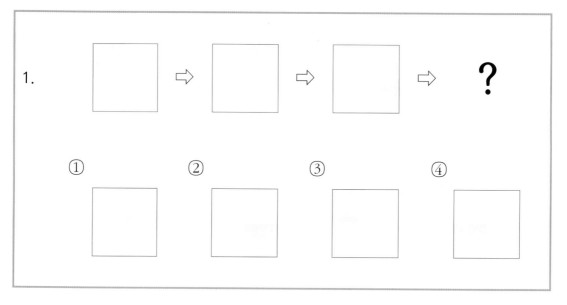

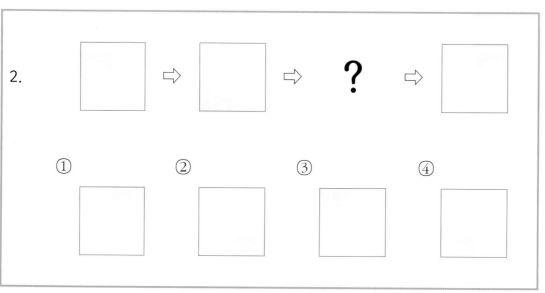

📋 각 줄의 그림들 중에서 나머지 넷과 규칙의 특성이 다른 하나를 찾고, 어떤 점이 다른지 말로 설명해 봅시다.

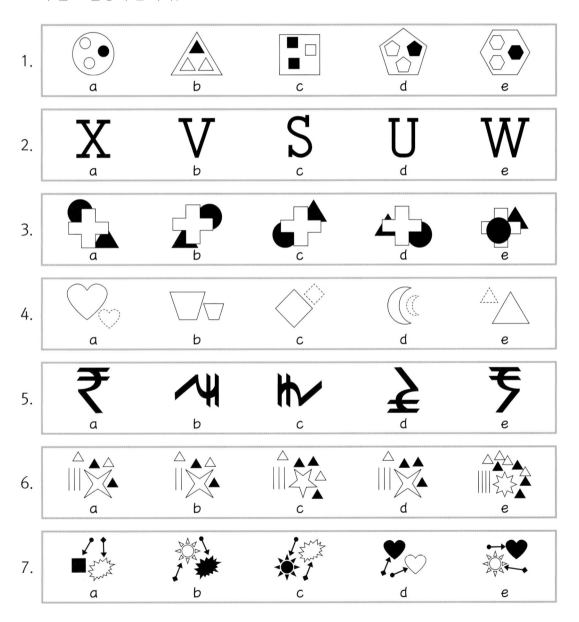

'?'에 적합한 그림은 어떤 것입니까? 어떤 이유로 그 그림을 선택했는지 말로 설명해 봅시다.

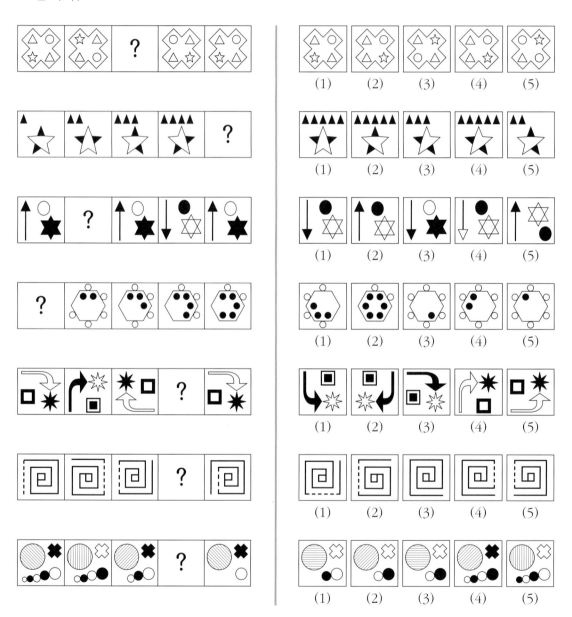

순서 찾기 1

📋 먼저 일어난 일과 나중에 일어난 일의 순서를 아는 활동입니다. 다음을 그린 순서에 따라 번호로 이어서 적어 봅시다.

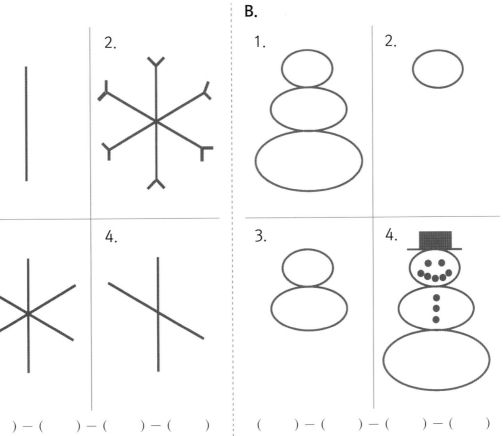

A.

1.

2.

3.

4.

(   ) – (   ) – (   ) – (   )

B.

1.

2.

3.

4.

(   ) – (   ) – (   ) – (   )

순서 찾기 2

📋 먼저 일어난 일과 나중에 일어난 일의 순서를 아는 활동입니다. 다음을 자라는 순서에 따라 번호를 적어 봅시다.

A.

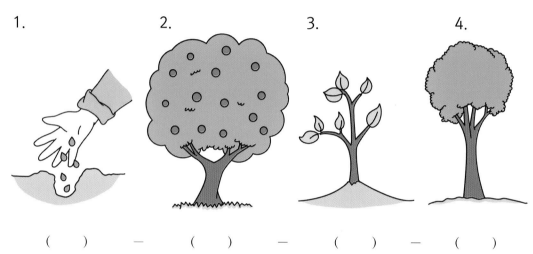

1.   2.   3.   4.

(   ) — (   ) — (   ) — (   )

B.

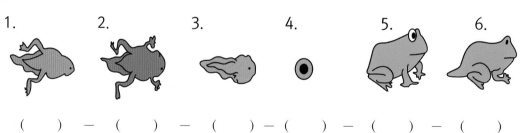

1.   2.   3.   4.   5.   6.

(   ) — (   ) — (   ) — (   ) — (   ) — (   )

순서 찾기 3

❹ 집행력

📋 먼저 일어난 일과 나중에 일어난 일의 순서를 아는 활동입니다. 다음은 날짜의 변화
를 나타낸 것입니다. 빈칸을 채워 넣어 봅시다.

• 하루의 변화:

아침 – (   ) – (   )

• 일주일의 변화:

월 – (   ) – (   ) – (   ) – 금 – (   ) – (   )

• 계절의 변화:

(   ) – 여름 – (   ) – (   )

📋 먼저 일어난 일과 나중에 일어난 일의 순서를 아는 활동입니다. 다음에 제시한 상황을 순서에 따라 번호로 이어서 적어 봅시다.

상황: 이를 닦아요.			
① 칫솔을 깨끗이 닦아서 칫솔 보관통에 넣습니다.	② 칫솔에 치약을 바릅니다.	③ 치약을 바른 칫솔로 윗니와 아랫니를 깨끗이 닦습니다.	④ 물로 입을 잘 헹굽니다.
( ) – ( ) – ( ) – ( )			

상황: 심한 기침 감기에 걸렸어요.			
① 병원에 갔다.	② 처방전을 받았다.	③ 의사선생님께 진찰을 받았다.	④ 약국에 가서 약을 지었다.
( ) – ( ) – ( ) – ( )			

상황: 길을 가다가 목이 말라서 편의점에 가서 물을 샀습니다.			
① 시원한 물을 마셨다.	② 계산대 앞에서 줄을 서서 기다렸다가 계산을 했다.	③ 냉장고를 열고 여러 가지 물 중에서 늘 먹던 생수를 골랐다.	④ 편의점에 들어갔다.
( ) – ( ) – ( ) – ( )			

순서 찾기 5

📋 먼저 일어난 일과 나중에 일어난 일의 순서를 아는 활동입니다. 다음에 제시한 상황을 순서에 따라 번호로 이어서 적어 봅시다.

상황: 세탁기로 빨래를 하려고 한다.

① 빨래를 건조대에 널었다.	② 빨랫감을 세탁기 통 안에 집어넣었다.	③ 세제를 넣고 세탁기의 버튼을 눌러 빨래를 시작했다.	④ 마지막으로 빨래를 탈수시켰다.

(   ) – (   ) – (   ) – (   )

상황: 등굣길에 횡단보도를 건너가려고 합니다.

① 횡단보도 앞에 멈춘다.	② 횡단보도를 건너갑니다.	③ 차가 완전히 멈췄는지 좌우를 살펴봅니다.	④ 신호등에 초록불에 켜질 때까지 기다립니다.

(   ) – (   ) – (   ) – (   )

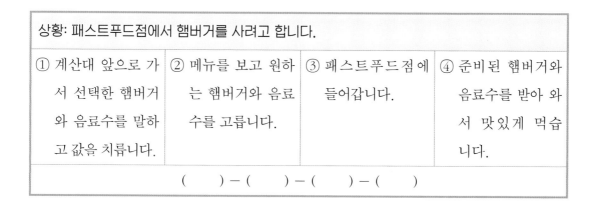

상황: 패스트푸드점에서 햄버거를 사려고 합니다.

① 계산대 앞으로 가서 선택한 햄버거와 음료수를 말하고 값을 치릅니다.	② 메뉴를 보고 원하는 햄버거와 음료수를 고릅니다.	③ 패스트푸드점에 들어갑니다.	④ 준비된 햄버거와 음료수를 받아 와서 맛있게 먹습니다.

(   ) – (   ) – (   ) – (   )

순서 찾기 6

📋 먼저 일어난 일과 나중에 일어난 일의 순서를 아는 활동입니다. 다음에 제시한 상황을 순서에 따라 번호로 이어서 적어 봅시다.

상황: 라면을 끓이려고 한다.

① 라면봉지에 적힌 시간만큼 끓인 후에 불을 끄고 그릇에 옮겨 먹습니다.	② 물이 끓으면 면과 스프를 넣습니다.	③ 적당한 크기의 냄비에 라면봉지에 적힌 양만큼의 물을 붓습니다.	④ 물이 들어 있는 냄비를 가스레인지에 올려 놓고 불을 켭니다

(   ) — (   ) — (   ) — (   )

상황: 놀이공원에서 놀이기구를 타려고 합니다.

① 내가 선택한 놀이기구에 가서 줄을 선 후 표를 내고 놀이기구를 탑니다.	② 내가 타고 싶은 놀이기구의 매표소를 찾습니다.	③ 매표소에 붙여 놓은 안내문을 읽고 탑승료와 탑승조건을 확인합니다.	④ 내가 선택한 놀이기구를 말하고 탑승료를 지불한 후 표를 받습니다.

(   ) — (   ) — (   ) — (   )

상황: 도서관에 가서 필요한 책을 빌리려고 합니다.

① 메모지에 적힌 번호를 들고 해당 번호의 책장을 찾아 책을 찾습니다.	② 검색해서 책의 제목과 책의 위치를 메모지에 적습니다.	③ 찾은 책을 들고 대출데스크에 가서 대출합니다.	④ 도서관 검색대에서 컴퓨터를 이용하여 필요한 책이 있는지 검색합니다.

(   ) — (   ) — (   ) — (   )

문제해결 1

📋 동물 그림은 모두 몇 개입니까?

📋 동물은 모두 몇 종류입니까?

📋 가장 숫자가 많은 동물은 무엇입니까?

* 복사해서 동물 각각을 모두 잘라 낸 후 펼쳐 놓고 정해진 시간 안에 같은 동물끼리 모아 봅시다(제한시간: 1분 30초). 분류하기 전에 전체적으로 훑어보고, 어떤 방법으로 모을지 이야기한 후 분류해 봅시다. 분류에 걸리는 시간의 변화를 기록해 봅시다.

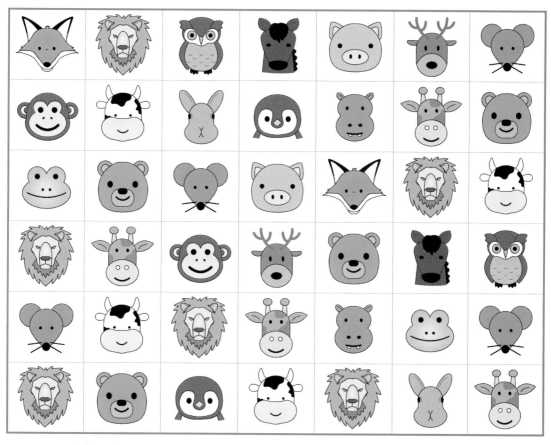

※ 모두 오려 낸 후 그림이 바닥으로 가도록 뒤집어 놓는다. 2개의 그림을 뒤집어서 같은 그림일 경우 자기가 가져가고, 서로 다를 경우에는 그림을 나머지 사람들에게 보여 주고 그 자리에 다시 뒤집어 놓는다. 이렇게 기억력 게임에 활용할 수도 있다.

📋 다음의 그림에서 ⇔는 모두 몇 개인가요? 먼저 대략 훑어보는 시간을 주고, 어떤 방법
으로 수를 셀 것인지에 대한 계획을 이야기하고 나서 세기 시작해 봅시다.

w	H	I	n	☯	⇔	☯	E	P	☯	⇔	⇔	☯
Z	y	⇔	⇔	☯	b	e	P	H	J	W	☯	I
J	K	c	☯	Z	e	R	⇔	⇔	d	h	l	o
I	a	⇔	n	W	a	⇔	☯	h	V	z	a	n
i	o	p	e	A	e	☯	⇔	x	☯	V	v	W
j	☯	Y	r	⇔	k	⇔	N	⇔	☯	i	⇔	v

w	H	I	n	☯	⇔	☯	E	P	☯	⇔	⇔	☯
Z	y	⇔	⇔	☯	b	e	P	H	J	W	☯	I
J	K	c	☯	Z	e	R	⇔	⇔	d	h	l	o
I	a	⇔	n	W	a	⇔	☯	h	V	z	a	n
i	o	p	e	A	e	☯	⇔	x	☯	V	v	W
j	☯	Y	r	⇔	k	⇔	N	⇔	☯	i	⇔	v

📋 다음의 한글자음은 숫자로, 모음은 원그림으로 암호를 정했습니다. 이 규칙을 써서 보기와 같이 암호를 풀어 봅시다.

①	②	③	④	⑤	⑥	⑦
ㄱ	ㄴ	ㄷ	ㄹ	ㅁ	ㅂ	ㅅ
⑧	⑨	⑩	⑪	⑫	⑬	⑭
ㅇ	ㅈ	ㅊ	ㅋ	ㅌ	ㅍ	ㅎ

⊘	⊖	⊕(ㅣ)	⊕	⊙(∵)	⊗	◎
ㅏ	ㅑ	ㅓ	ㅕ	ㅗ	ㅛ	ㅜ
●	⊙(<)	○°				
ㅠ	―	ㅣ				

〈보기〉

②⊘(나), ⑤◎④ → (물)

- ⑩○°② / ①◎ → (　　) / (　　)
- ⑦⊘ / ④⊘⑧ → (　　) / (　　)
- ⑭⊘① / ①⊗ → (　　) / (　　)
- ⑦①② ⑦⊘○°⑧ ②○°⑤ → (　　) / (　　) / (　　)

암호 풀기 2

📋 다음의 한글자음은 숫자로, 모음은 원그림으로 암호를 정했습니다. 이 규칙을 써서
암호를 풀어 봅시다.

①	②	③	④	⑤	⑥	⑦
ㄱ	ㄴ	ㄷ	ㄹ	ㅁ	ㅂ	ㅅ
⑧	⑨	⑩	⑪	⑫	⑬	⑭
ㅇ	ㅈ	ㅊ	ㅋ	ㅌ	ㅍ	ㅎ

⊘	⊖	⦶	⊕	⦼	⊗	◎
ㅏ	ㅑ	ㅓ	ㅕ	ㅗ	ㅛ	ㅜ
◉	⦵	◯°				
ㅠ	ㅡ	ㅣ				

- ②⊘　　②⦵②　　⑩⊘⑤　　⑤⦶⑦　　⑨◯°②
(　　)　(　　)　(　　)　(　　)　(　　)

　⑦⊘　　④⊘⑤　　⑧◯°⑥　　②◯°　　③⊘
(　　)　(　　)　(　　)　(　　)　(　　)

- ②⦶　　④⦵④　　⑤⊘②　　②⊘　　⑦⦶
(　　)　(　　)　(　　)　(　　)　(　　)

　②⦶　　⑤◎　　⑨⦼⑭　　⑧⊘⑦⑦　　⑧⦶
(　　)　(　　)　(　　)　(　　)　(　　)

📋 다음의 한글자음은 숫자로, 모음은 원그림으로 암호를 정했습니다. 이 규칙을 써서 다음의 낱말들을 암호로 바꿔 봅시다.

①	②	③	④	⑤	⑥	⑦
ㄱ	ㄴ	ㄷ	ㄹ	ㅁ	ㅂ	ㅅ
⑧	⑨	⑩	⑪	⑫	⑬	⑭
ㅇ	ㅈ	ㅊ	ㅋ	ㅌ	ㅍ	ㅎ

⊘	⊖	⊘|	⊕	⊙	⊗	◎
ㅏ	ㅑ	ㅓ	ㅕ	ㅗ	ㅛ	ㅜ
⦿	⧀	◯∘				
ㅠ	ㅡ	ㅣ				

● 〈보기〉와 같이 암호로 나타내 봅시다.

─── 〈보기〉 ───
임수정 (⑧◯∘⑤ ⑦◎ ⑨①⑧)

- 내 이름 → (   )
- 내가 좋아하는 음식 → (   )
- 내가 갖고 싶은 물건 → (   )

암호문 만들기 2

📋 다음의 한글자음은 숫자로, 모음은 원그림으로 암호를 정했습니다. 이 규칙을 써서
다음의 낱말들을 암호로 바꿔 봅시다.

①	②	③	④	⑤	⑥	⑦
ㄱ	ㄴ	ㄷ	ㄹ	ㅁ	ㅂ	ㅅ
⑧	⑨	⑩	⑪	⑫	⑬	⑭
ㅇ	ㅈ	ㅊ	ㅋ	ㅌ	ㅍ	ㅎ

⊘	⊖	⊕	⊕	⊙	⊗	◎
ㅏ	ㅑ	ㅓ	ㅕ	ㅗ	ㅛ	ㅜ
●	⊲	○°				
ㅠ	ㅡ	ㅣ				

- 다음 문장을 암호로 나타내 봅시다.

(   )   (   )   (   )   (   )   (   )
 (오)   (늘)   (기)   (분)   (이)

(   )   (   )   (   )   (   )   (   )
 (너)   (무)   (좋)   (았)   (어)

- 내가 쓰고 싶은 문장 → (   )

느린 학습자 인지훈련 프로그램 ❶

답안 및 해설

💭 그림 보고 기억나는 대로 적어 보기 1 p.26

앞에서 본 그림들을 잘 기억해서 있던 위치에 그대로 적거나 그려 넣어 봅시다.

💭 그림 보고 기억나는 대로 적어 보기 2 p.28

앞에서 본 그림들을 잘 기억해서 있던 위치에 그대로 적거나 그려 넣어 봅시다.

💭 그림 보고 기억나는 대로 적어 보기 3 p.30

앞에서 본 그림들을 잘 기억해서 있던 위치에 그대로 적거나 그려 넣어 봅시다.

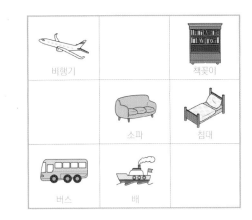

💭 그림 보고 기억나는 대로 적어 보기 4 p.32

앞에서 본 그림들을 잘 기억해서 있던 위치에 그대로 적거나 그려 넣어 봅시다.

💭 그림 보고 기억나는 대로 적어 보기 5 p.34

앞에서 본 그림들을 잘 기억해서 있던 위치에 그대로 적거나 그려 넣어 봅시다.

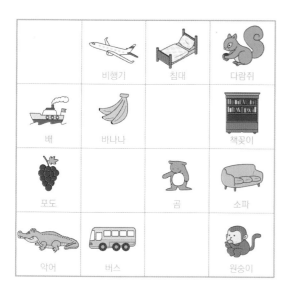

기억변화표를 기록해서 변화를 추적한다).

※ 낱말을 불러줄 때 작은 소리로 따라서 암송하거나, 들은 낱말들을 간단한 메모나 그림으로 표현하면서 외우는 등 자기만의 방법으로 기억해도 좋다고 미리 이야기해 줄 수 있다.

1. 친구, 의자, 고래, 기차, 노래
2. 할머니, 연극, 사다리, 시계, 신발
3. 다리, 문, 반딧불, 초가집, 코끼리, 수학, 전화기, 바늘
4. 나뭇잎, 마녀, 지구, 곰, 마스크, 우주선, 버스, 사전
5. 거미, 강아지, 거울, 구름, 당나귀, 오토바이, 이불, 단추
6. 창문, 칠판, 컵, 학교, 강아지, 개나리, 태극기, 안경
7. 양말, 빗자루, 아파트, 대문, 칼국수, 문방구, 가을, 농촌, 비행기, 파도
8. 열쇠, 공룡, 과학, 미끄럼틀, 바람, 식빵, 운동화, 눈, 놀이공원, 고릴라

※ 각 번호별로 기억했던 낱말의 수를 적고, 주로 외워지지 않는 낱말을 표시하고, 반복 실시에 따라 기억하는 낱말의 수가 늘어가는지를 살펴볼 수 있어야 한다.

⬤ 그림 보고 기억나는 대로 적어 보기 6 p.36

앞에서 본 그림들을 잘 기억해서 있던 위치에 그대로 적거나 그려 넣어 봅시다.

⬤ 낱말 듣고 기억나는 대로 말하기 1 p.37

주어진 낱말들을 불러 주고 끝까지 듣게 한 후, 순서에 상관없이 기억나는 대로 말해 봅시다(낱말 제시 간격은 1초, 한 문제당 5회가량 실시, 답안지의 작업

〈작업기억변화표〉

번호	날짜 기억	예) 9/23					
1	기억한 낱말 수	4					
	기억 못한 낱말들	기차					
2	기억한 낱말 수	3					
	기억 못한 낱말들	시계, 사다리					
3	기억한 낱말 수	5					
	기억 못한 낱말들	문, 수학, 바늘					

4	기억한 낱말 수	5					
	기억 못한 낱말들	곰, 버스, 사전					
5	기억한 낱말 수	5					
	기억 못한 낱말들	거미, 이불, 단추					
6	기억한 낱말 수	5					
	기억 못한 낱말들	칠판, 컵, 안경					
7	기억한 낱말 수	7					
	기억 못한 낱말들	대문, 가을, 농촌					
8	기억한 낱말 수	7					
	기억 못한 낱말들	눈, 바람, 과학					

🗣 낱말 듣고 기억나는 대로 말하기 2 p. 38

주어진 낱말들을 불러 주고 끝까지 듣게 한 후, 순서에 상관없이 기억나는 대로 말해 봅시다(낱말 제시 간격은 1초, 한 문제당 5회가량 실시. 답안지의 작업기억변화표를 기록해서 변화를 추적한다).

> ※ 낱말을 불러 줄 때 작은 소리로 따라서 암송하거나, 들은 낱말들을 간단한 메모나 그림으로 표현하면서 외우는 등 자기만의 방법으로 기억해도 좋다고 미리 이야기해 줄 수 있다.

1. 도너츠, 미래, 구멍, 비타민, 색연필, 경찰, 책, 아저씨, 뉴스, 비행사
2. 피아노, 바닥, 컴퓨터, 가위, 소파, 벽, 창문, 신호등, 구급차, 눈사람
3. 동굴, 울타리, 섬, 중국, 젓가락, 커피, 양초, 헬리콥터, 국어, 홍수
4. 밀림, 원숭이, 도화지, 연필, 주사기, 관찰, 익힘책, 화분, 현관문, 종소리
5. 광복절, 달력, 거북선, 음악, 가을, 찰흙, 아침, 수영복, 채소, 대포, 소나무
6. 북극곰, 제주도, 짝꿍, 쪽지, 초콜릿, 글씨, 여행, 치과, 다람쥐, 코, 전등
7. 태풍, 검정, 해, 신발, 운전사, 자전거, 길, 놀이터, 사과, 봉투, 빨대, 바람
8. 가뭄, 재채기, 편지, 학교, 선생님, 귀뚜라미, 용, 장미, 뚜껑, 지우개, 용기, 달빛

> ※ 각 번호별로 기억했던 낱말의 수를 적고, 주로 외워지지 않는 낱말을 표시하고, 반복실시에 따라 기억하는 낱말의 수가 늘어가는지를 살펴봐야 한다.

〈작업기억변화표〉

번호	기억 \ 날짜						
1	기억한 낱말 수						
	기억 못한 낱말들						
2	기억한 낱말 수						
	기억 못한 낱말들						
3	기억한 낱말 수						
	기억 못한 낱말들						
4	기억한 낱말 수						
	기억 못한 낱말들						
5	기억한 낱말 수						
	기억 못한 낱말들						

6	기억한 낱말 수				
	기억 못한 낱말들				
7	기억한 낱말 수				
	기억 못한 낱말들				
8	기억한 낱말 수				
	기억 못한 낱말들				

🗣 낱말 거꾸로 말하기 1 p. 51

낱말을 불러 주면 들은 대로 따라 말하고, 말한 낱말을 다시 거꾸로 말해 봅시다(끝까지 말해 보는 데 걸리는 시간과 틀리게 말한 횟수를 기록해서 변화를 관찰한다).

〈낱말 거꾸로 말하기 변화표〉

날짜 오답	예) 9/23				
시행 낱말 수	2줄 26개				
틀린 횟수	12				
걸린 시간	3분 35초				
틀린 낱말	가마솥, 햄스터 …				

🗣 낱말 거꾸로 말하기 2 p. 52

낱말을 불러 주면 들은 대로 따라 말하고, 말한 낱말을 다시 거꾸로 말해 봅시다(끝까지 말해 보는 데 걸리는 시간과 틀리게 말한 횟수를 기록해서 변화를 관찰한다).

〈낱말 거꾸로 말하기 변화표〉

날짜 오답					
시행 낱말 수					

틀린 횟수					
걸린 시간					
틀린 낱말					

🗣 낱말 거꾸로 말하기 5~6 pp. 55-56

〈사자성어 풀이〉

1) 근묵자흑(近: 가까울 근, 墨: 먹 묵, 者: 놈 자, 黑: 검을 흑): 「먹을 가까이하면 검어진다」는 뜻, 나쁜 사람을 가까이하면 그 버릇에 물들기 쉽다는 말

2) 풍전등화(風: 바람 풍, 前: 앞 전, 燈: 등 등, 火: 불 화): 「바람 앞의 등불」이란 뜻. 사물이 오래 견디지 못하고 매우 위급한 자리에 놓여 있음을 가리키는 말

3) 등하불명(燈: 등 등, 下: 아래 하, 不: 아닐 부, 明: 밝을 명): 「등잔 밑이 어둡다」는 뜻
   ① 가까이 있는 것이 도리어 알아내기 어려움을 이르는 말
   ② 남의 일은 잘 알 수 있으나 제 일은 자기가 잘 모른다는 말

4) 금시초문(今: 이제 금, 始: 비로소 시, 初: 처음 초, 聞: 들을 문): 이제야 비로소 처음으로 들음

5) 동생공사(同: 한가지 동, 生: 날 생, 共: 한가지 공, 死: 죽을 사): 서로 생사를 같이 함

6) 양자택일(兩: 두 양(량), 者: 놈 자, 擇: 가릴 택, 一: 한 일): 둘 중(中)에서 하나를 가림

7) 백전백승(百: 일백 백, 戰: 싸움 전, 百: 일백 백, 勝: 이길 승): 백 번 싸워 백 번 이긴다는 뜻, 싸울 때마다 번번이 이김

8) 어부지리(漁: 고기 잡을 어, 夫: 지아비 부, 之: 갈 지, 利: 이로울 리(이)): 어부의 이익이라는 뜻, 둘이 다투는 틈을 타서 엉뚱한 제3자가 이익을 가로챔을 이르는 말

9) 일언반구(一: 한 일, 言: 말씀 언, 半: 반 반, 句: 글 귀 구): 한 마디의 말과 한 구의 반이란 뜻, 극히 짧은 말이나 글

10) 일편단심(一: 한 일, 片: 조각 편, 丹: 붉을 단, 心: 마음 심): 변치 않는 참된 마음. 진정으로 우러나오는 충성심을 뜻함

11) 죽마고우(竹: 대 죽, 馬: 말 마, 故: 연고 고, 友: 벗 우):「대나무 말을 타고 놀던 옛 친구」라는 뜻, 어릴 때부터 가까이 지내며 자란 친구를 이르는 말

12) 동고동락(同: 한가지 동, 苦: 쓸 고, 同: 한가지 동, 樂: 즐길 락): 괴로움과 즐거움을 함께 한다는 뜻, 같이 고생하고 같이 즐김

13) 인명재천(人: 사람 인, 命: 목숨 명, 在: 있을 재, 天: 하늘 천): 사람의 목숨은 하늘에 있다는 뜻, 사람이 살고 죽는 것이나 오래 살고 못 살고 하는 것이 다 하늘에 달려 있어 사람으로서는 어찌할 수 없음을 이르는 말

14) 내우외환(內: 안 내, 憂: 근심 우, 外: 바깥 외, 患: 근심 환): 내부에서 일어나는 근심과 외부로부터 받는 근심이란 뜻, 나라 안팎의 여러 가지 어려운 사태를 이르는 말

15) 여필종부(女: 여자 여, 必: 반드시 필. 從: 좇을 종, 夫: 지아비 부): 아내는 반드시 남편의 뜻을 좇아야 한다는 말

16) 일자무식(一: 한 일, 字: 글자 자, 無: 없을 무, 識: 알 식): 한 글자도 알지 못함

17) 안전제일(安: 편안 안, 全: 온전할 전, 第: 차례 제, 一: 한 일): 안전이 가장 중요함

18) 천만다행(千: 일천 천, 萬: 일 만 만, 多: 많을 다, 幸: 다행 행): 매우 다행함

19) 충언역이(忠: 충성 충, 言: 말씀 언, 逆: 거스릴 역, 耳: 귀 이):「바른 말은 귀에 거슬린다」는 뜻, 바르게 타이르는 말일수록 듣기 싫어함을 이르는 말

20) 일망타진(一: 한 일, 網: 그물 망, 打: 칠 타, 盡: 다할 진):「그물을 한번 쳐서 물고기를 모조리 잡는다」는 뜻, 한꺼번에 죄다 잡는다는 말

21) 아전인수(我: 나 아, 田: 밭 전, 引: 끌 인, 水: 물 수): 자기 논에만 물을 끌어넣는다는 뜻
   ① 자기의 이익을 먼저 생각하고 행동함
   ② 또는 억지로 자기에게 이롭도록 꾀함을 이르는 말

22) 일어탁수(一: 한 일, 魚: 물고기 어, 濁: 흐릴 탁, 水: 물 수): 물고기 한 마리가 큰 물을 흐리게 한다는 뜻, 한 사람의 악행으로 인하여 여러 사람이 그 해를 받게 되는 것을 비유하는 말로 쓰임

23) 부지기수(不: 아닐 부, 知: 알 지, 其: 그 기, 數: 셈 수): 그 수를 알지 못한다는 뜻, 매우 많음

24) 주야장천(晝: 낮 주, 夜: 밤 야, 長: 길 장, 川: 내 천): 밤낮으로 쉬지 않고 흐르는 시냇물과 같이 늘 잇따름

25) 적재적소(適: 맞을 적, 材: 재목 재, 適: 맞을 적, 所: 바 소): 어떤 일에 적당한 재능을 가진 자에게 적합한 지위나 임무를 맡김

26) 군중심리(群: 무리 군, 衆: 무리 중, 心: 마음 심, 理: 다스릴 리): 많은 사람이 모여 있을 때 개개인의 평상적인 심리를 초월하여 발생하는 특이한 심리

27) 안하무인(眼: 눈 안, 下: 아래 하, 無: 없을 무, 人: 사람 인): 눈 아래에 사람이 없다는 뜻
   ① 사람됨이 교만하여 남을 업신여김을 이르는 말
   ② 태도가 몹시 거만하여 남을 사람같이 대하지 않는 것

28) 천우신조(天: 하늘 천, 佑: 도울 우, 神: 귀신 신,

助: 도울 조): 하늘이 돕고 신이 도움

29) 종두득두(種: 씨 종, 豆: 콩 두, 得: 얻을 득, 豆: 콩 두): 콩을 심어 콩을 얻는다는 뜻, 원인에 따라 결과가 생긴다는 말

30) 파죽지세(破: 깨뜨릴 파, 竹: 대 죽, 之: 갈 지, 勢: 형세 세): 대나무를 쪼개는 기세라는 뜻
① 곧 세력이 강대하여 대적을 거침없이 물리 치고 쳐들어가는 기세
② 세력이 강하여 걷잡을 수 없이 나아가는 모양

31) 금지옥엽(金: 쇠 금, 枝: 가지 지, 玉: 구슬 옥, 葉: 잎 엽):「금 가지에 옥 잎사귀」란 뜻
① 임금의 자손이나 집안을 이르는 말
② 귀한 자손을 이르는 말
③ 아름다운 구름을 형용하여 이르는 말

32) 유종지미(有: 있을 유, 終: 마칠 종, 之: 갈 지, 美: 아름다울 미): 끝을 잘 맺는 아름다움이라는 뜻, 시작한 일을 끝까지 잘하여 결과가 좋음을 이르는 말

33) 어불성설(語: 말씀 어, 不: 아닐 부, 成: 이룰 성, 說: 말씀 설): 말이 도무지 사리에 맞지 아니하여 말 같지 않음

34) 논공행상(論: 논할 논, 功: 공 공, 行: 다닐 행, 賞: 상줄 상): 공이 있고 없음이나 크고 작음을 따져 거기에 알맞은 상을 줌

35) 중언부언(重: 무거울 중, 言: 말씀 언, 復: 회복할 복, 言: 말씀 언): 이미 한 말을 자꾸 되풀이함

36) 금석맹약(金: 쇠 금, 石: 돌 석, 盟: 맹세 맹, 約: 맺을 약): 쇠와 돌같이 굳게 맹세하여 맺은 약속

37) 두문분출(杜: 막을 두, 門: 문 문, 不: 아닐 부, 出: 날 출): 집 안에만 들어 앉아 있고 나다니지 아니함

38) 설상가상(雪: 눈, 上: 윗 상, 加: 더할 가, 霜: 서리 상): 눈 위에 또 서리가 내린다는 뜻, 어려운 일이 겹침을 이름 또는 '환난이 거듭됨'을 비유하여 이르는 말

39) 천군만마(千: 일천 천, 軍: 군사 군, 萬: 일 만 만, 馬: 말 마): 천 명의 군사와 만 마리의 군마라는 뜻, 썩 많은 군사와 말을 이르는 말

40) 용두사미(龍: 용 용, 頭: 머리 두, 蛇: 긴 뱀 사, 尾: 꼬리 미): 머리는 용이고 꼬리는 뱀이라는 뜻
① 시작은 좋았다가 갈수록 나빠짐의 비유
② 처음 출발은 야단스러운데, 끝장은 보잘것 없이 흐지부지되는 것

41) 산해진미(山: 메 산, 海: 바다 해, 珍: 보배 진, 味: 맛 미): 산과 바다의 산물을 다 갖추어 아주 잘 차린 진귀한 음식이란 뜻, 온갖 귀한 재료로 만든 맛. 좋은 음식

42) 문전성시(門: 문 문, 前: 앞 전, 成: 이룰 성, 市: 저자 시):「대문 앞이 저자를 이룬다」는 뜻, 세도가나 부잣집 문 앞이 방문객으로 저자를 이루다시피 함을 이르는 말

43) 일장춘몽(一: 한 일, 場: 마당 장, 春: 봄 춘, 夢: 꿈 몽): 한바탕의 봄꿈처럼 헛된 영화나 덧없는 일이란 뜻, 인생의 허무함을 비유하여 이르는 말

44) 초록동색(草: 풀 초, 綠: 푸를 록, 同: 한가지 동, 色: 빛 색): 풀빛과 녹색은 같은 빛깔이란 뜻으로, 같은 처지의 사람과 어울리거나 기우는 것

45) 결초보은(結: 맺을 결, 草: 풀 초, 報: 갚을 보, 恩: 은혜 은):「풀을 묶어서 은혜를 갚는다」는 뜻
① 죽어 혼이 되더라도 입은 은혜를 잊지 않고 갚음
② 무슨 짓을 하여서든지 잊지 않고 은혜에 보답함
③ 남의 은혜를 받고도 배은망덕한 사람에게 개만도 못하다고 하는 말

46) 선공후사(先: 먼저 선, 公: 공평할 공, 後: 뒤 후, 私: 사사 사): 사보다 공을 앞세움이란 뜻, 사사로운 일이나 이익보다 공익을 앞세움

47) 박학다식(博: 넓을 박, 學: 배울 학, 多: 많을 다, 識: 알 식): 학문이 넓고 식견이 많음

48) 문방사우(文: 글월 문, 房: 방 방, 四: 넉 사, 友: 벗 우): 서재에 꼭 있어야 할 네 벗, 즉 종이, 붓, 벼루, 먹을 말함

49) 마이동풍(馬: 말 마, 耳: 귀 이, 東: 동녘 동, 風: 바람 풍): 말의 귀에 동풍이라는 뜻, 남의 비평이나 의견을 조금도 귀담아 듣지 아니하고 흘려버림을 이르는 말

50) 목불인견(目: 눈 목, 不: 아닐 불, 忍: 참을 인, 見: 볼 견): 차마 눈으로 볼 수 없을 정도로 딱하거나 참혹한 상황

51) 혈혈단신(孑: 외로울 혈, 孑: 외로울 혈, 單: 홑 단, 身: 몸 신): 의지할 곳 없는 외로운 홀몸

52) 소탐대실(小: 작을 소, 貪: 탐낼 탐, 大: 클 대, 失: 잃을 실): 작은 것을 탐하다가 오히려 큰 것을 잃음

2 기억력

💬 얼굴과 이름 함께 기억하기 2 p. 74

● 앞에서 기억했던 친구들의 이름을 적어 봅시다. 어떤 방법으로 기억했는지 이야기해 봅시다(처음에 제시된 그림과 같은 위치에 친구들의 이름을 적도록 구성된다).

(성민)	(예진)
(지민)	(영준)
(재원)	(수빈)

💬 얼굴과 이름 함께 기억하기 3 p. 75

● 앞에서 기억했던 친구들의 이름을 적어 봅시다. 어떤 방법으로 기억했는지 이야기해 봅시다(처음에 제시된 그림과 같은 위치에 친구들의 이름을 적도록 구성된다).

(영준)	(지민)
(수빈)	(성민)

(예진)	(재원)

💬 같은 특성끼리 묶어서 기억하기 2 p. 80

● 앞에서 암기했던 것들을 다음 표에 종류별로 나누어 적어 봅시다.

범주	낱말	낱말 개수
가구	침대, 책꽂이, 소파, 의자, 책상	5
동물	다람쥐, 원숭이, 악어, 곰, 얼룩말	5
탈 것	버스, 비행기, 배, 자동차, 기차	5
과일	바나나, 포도, 수박, 사과, 딸기	5

● 앞에서 기억했던 것들을 다음 표에 모두 적어 봅시다.

버스	비행기	침대	다람쥐
배	바나나	원숭이	책꽂이
포도	악어	곰	소파
자동차	의자	책상	수박
사과	딸기	기차	얼룩말

💬 같은 특성끼리 묶어서 기억하기 2 p. 81

● 다음의 낱말들을 묶어서 암기해 봅시다.

셔츠	자동차	공책	연필
오토바이	수저	냄비	비행기
양말	치마	크레파스	볼펜
지우개	기차	점퍼	바지
밥공기	젓가락	돛단배	주전자

● 이 20개 낱말을 같은 특성끼리 묶어서 적어 봅시다.

범주	낱말	낱말 개수
의류	셔츠, 양말, 치마, 점퍼, 바지	5
식기류	수저, 냄비, 밥공기, 젓가락, 주전자	5
문구류	공책, 연필, 크레파스, 볼펜, 지우개	5
탈 것	자동차, 오토바이, 비행기, 기차, 돛단배	5

● 앞의 내용을 가린 후 암기한 내용을 적어 봅시다.
셔츠, 양말, 치마, 점퍼, 바지, 수저, 냄비, 밥공기, 젓가락, 주전자, 공책, 연필, 크레파스, 볼펜, 지우개, 자동차, 오토바이, 비행기, 기차, 돛단배

🗨 마인드맵을 활용하여 기억하기 p. 83
핵심어(가장 중요하다고 생각되는 낱말)를 가운데 놓고, 관련된 낱말들을 이어가는 마인드맵을 활용해서 기억하는 방법입니다.

> **보기**
>
> 날씨의 기상요소는 기온, 바람, 구름, 비다. 날씨에 따라 생활모습이 달라지며, 날씨를 아는 방법으로는 TV나 라디오, 신문, 인터넷 등이 있다.

핵심어와 관련된 낱말들을 찾고, 그 낱말들로 마인드맵을 그리면서 기억해 봅시다.

> 오늘날의 의사소통 수단을 알아봅시다. 오늘날의 의사소통 수단으로는 전자우편, 휴대전화 등이 있습니다. 이것들을 이용해서 먼 곳에 있는 사람과 쉽고 빠르게 소식을 주고 받을 수 있습니다. 인터넷으로 어디에서나 짧은 시간 안에 다양하고 많은 정보를 얻을 수 있습니다.

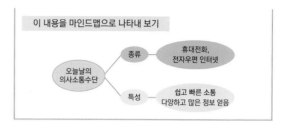

이 내용을 마인드맵으로 나타내 보기

🗨 핵심어로 기억하기 p. 84
'핵심어로 기억하기'는 어려운 개념들이나 많은 내용을 암기해야 할 때 가장 중요한 낱말이나 구절을 들고 기억하는 방법입니다.

● 다음 글은 현장체험학습과 관련된 글이다. 여기서 중요한 내용을 찾아 밑줄을 그어 봅시다.

> 드디어 새 학년이 되고 거의 두 달이 지나고 현장체험학습을 가는 날이 왔습니다. 기다리고 기다리던 현장체험학습이라 신이 난 우리들은 선생님의 말씀에 귀를 기울였습니다.
>
> 현장체험학습은 4월 25일 수요일에 간다고 하였습니다. 나는 개인적으로 수요일에 가는 것보다는 금요일에 가는 것이 더 좋지만 수요일에 가도 나쁘지는 않다고 생각했습니다. 다음은 선생님께서 현장체험학습 장소에 대해 말씀해 주실 차례였습니다. 4학년 때도 갔던 국립박물관은 아니기를 바랐는데, 선생님께서 박물관이라고 말씀을 하시는 통에 우리 반 아이들의 얼굴에는 실망하는 빛이 역력하였습니다. 그러자 선생님께서 웃으시며 이번 현장체험학습은 박물관 옆 놀이동산에 간다고 말씀하시자, 순간 우리 반 친구들은 환호성을 지르며 좋아했습니다.

이 글에서 가장 중요하다고 생각되는 내용을 세 가지만 적고 외워봅시다. 중요하다고 생각되는 이유를 말해 봅시다(이유: 언제 어디서 무엇을 하는지가 중요하기 때문).
1) 현장체험학습, 2) 4월 25일 수요일, 3) 놀이동산

● 다음의 내용을 읽고 핵심어를 찾은 다음, 내용을 보지 않고 주제어로만 그 내용을 기억해 봅시다.

> 피라미드는 지금으로부터 5000년 전 이집트에서 만들어졌다. 이 피라미드는 무게가 몇 톤이나 되는 돌을 쌓아 만든 것이다. 이 같이 크고 무거운 돌을 어떤 방법으로 운반했을까?
>
> 크고 무거운 돌을 나무 썰매에 올려놓고 썰매 밑에 굴러가도록 통나무를 깐다. 썰매 뒤에 기다란 막대를 대고 막대를 아래로 누른다. 그러면 썰매가 들어 올려 지므로 이때 썰매를 당기기만 하면 무거운 것도 쉽게 움직이게 된다. 무거운 돌을 올려놓은 썰매를 들어 올린 막대기가 바로 지레의 작용을 한 것이다.

이 글에서 핵심어 세 가지를 찾은 다음 핵심어 위주로 읽어 봅시다.
1) 피라미드, 2) 돌 운반법, 3) 지레의 작용

🗣 그림이나 개념도 그려서 기억하기 p.85

문장들 속에서 규칙이나 공통점을 찾아보고, 구분하기 쉽도록 그림이나 개념도로 만들어서 외우는 방법입니다. 이런 방법을 사용하면 외워야 할 내용을 한눈에 보기가 쉽고, 헷갈리지 않아서 기억하기 쉬우며, 복잡한 내용도 간단하게 요약할 수 있습니다.

> **예**
>
> 나무의 종류는 침엽수와 활엽수로 나뉜다. 침엽수는 나뭇잎의 모양이 바늘모양이고, 활엽수는 잎이 넓적하다. 침엽수로는 삼나무와 소나무가 있으며, 활엽수로는 느티나무와 오동나무가 있다. 침엽수는 건축 재료로 주로 쓰이며 활엽수는 가구제작이나 실내장식에 쓰인다.

● 다음의 글을 읽고 그림이나 도표로 그려서 외운 후, 전체 내용에 대해 이야기해 봅시다.

> 지구에서 공룡이 사라진 이유에 관해서 여러 가지 주장이 있으나 네 가지로 요약할 수 있습니다. 첫째는 기온이 갑자기 뚝 떨어져 식물이 말라 죽어 먹을 것이 없어서, 둘째는 기온이 뚝 떨어졌는데 체온조절 능력이 없어서, 셋째는 나은 알의 껍질이 이상하게 두꺼워져서 새끼가 뚫고 나오지 못해서, 넷째는 쥐와 같은 작은 포유류가 나타나 공룡의 알을 모두 먹어 치워서입니다. 하지만 아직도 이들 주장을 확실하게 뒷받침하는 증거는 없습니다.
>
> **그림 또는 도표**
>
>

● 언어(범주) 유창성 2 p.106

다음의 자음으로 시작되는 음식의 이름을 적어서 빈칸을 모두 채워 봅시다.

※ 자음 한 개에 여러 음식의 이름을 써도 좋다.

ㄱ	ㄴ	ㄷ	ㄹ
김	누룽지	당면	라면
ㅁ	ㅂ	ㅅ	ㅇ
물냉면	밥	새우	우동
ㅈ	ㅊ	ㅋ	ㅌ
자장면	참치김밥	케밥	토스트
ㅍ	ㅎ	ㄲ	ㅆ
푸딩	호빵	꿀떡	쌈장

● 언어(범주) 유창성 3 p.107

다음의 자음으로 시작되는 나라의 이름을 적어서 빈칸을 모두 채워 봅시다.

※ 자음 한 개에 여러 나라의 이름을 써도 좋다.

ㄱ	ㄴ	ㄷ	ㄹ
그리스	노르웨이	대만	루마니아
ㅁ	ㅂ	ㅅ	ㅇ
몽골	불가리아	스위스	오스트리아
ㅈ	ㅊ	ㅋ	ㅌ
중국	칠레	캄보디아	태국
ㅍ	ㅎ		
프랑스	한국		

● 언어(범주) 유창성 4 p.108

다음의 자음으로 시작되는 낱말을 예문에서 찾아 빈칸에 적어 봅시다.

ㄱ	ㄴ	ㄷ	ㅁ
개구리, 개울	논	둑, 댁	몸집
ㅂ	ㅅ	ㅇ	ㅈ
불쑥	손바닥	옆, 앞일	잡아 먹는다고
ㅊ	ㅋ	ㅌ	ㅎ
찻길	커다란	토종, 텔레비전	황소개구리

황소개구리

경수는 텔레비전에서 황소개구리를 보았습니다. 황소개구리는 외국에서 들어온 개구리라고 합니다. 그것은 몸집이 크고, 힘도 세어 토종 개구리를 잡아먹는다고 합니다.

경수는 시골 할아버지 댁에 갔습니다. 경수는 황소개구리를 보려고 할아버지와 함께 개울로 갔습니다.

갑자기 찻길 옆 논둑에서 바스락 소리가 나더니 커다란 개구리 한 마리가 불쑥 나타났습니다.

"할아버지, 개구리가 정말 크네요."

"저것이 바로 황소개구리란다."

논둑 위에 나타난 황소개구리는 크기가 어른 손바닥보다도 더 커 보였습니다. 정말 큰 개구리였습니다.

"황소개구리가 더 많아지면 토종 개구리가 다 없어질 지도 모르겠다. 외국의 것을 들여올 때에는 항상 앞일을 생각해야 한단다." 할아버지께서 말씀하셨습니다.

🗨 언어(범주) 유창성 5 p. 109

한 개의 낱말을 말해 주거나 사진 또는 그림을 보여 준 후, 그 낱말 또는 그림과 관련된 낱말들에 대해 떠오르는 대로 말해 봅시다(제한시간: 1분).

낱말 또는 그림	생각나는 관련 낱말
사과	둥글다, 맛있다, 시다, 빨갛다, 맨질맨질하다, 백설공주, 달다 등
시계	바늘, 째깍째깍, 학원시간, 핸드폰, 지각, 손목시계, 벽시계, 초침 등
창문	유리, 창, 베란다, 바깥, 투명, 커튼, 열면 춥다, 모기장 등
쓰레기통	더럽다, 편리, 쓰레기, 플라스틱, 뚜껑, 재활용품 등
책상	책, 공부, 의자, 나무, 가구, 서랍, 내 방, 스탠드 등
(가방 그림)	책, 끈, 무겁다, 파랑색, 가죽, 헝겊, 공책, 필통, 물통 등
(코끼리 그림)	코, 상아, 코끼리, 귀, 꼬리, 먹이, 회색 등

🗨 언어(범주) 유창성 6 p. 110

한 개의 사진 또는 그림을 보여 준 후, 관련된 낱말들을 오감각으로 표현해 봅시다(제한시간: 2분).

사진 또는 그림	오감각으로 표현하기
(사과 그림)	(예시) 시각: 동그랗다, 빨갛다. 청각: 깨물면 아삭하는 소리가 날 것 같다. 후각: 향긋한 냄새가 난다. 미각: 단맛, 신맛 촉각: 겉은 보드랍다, 차갑다.
(눈사람 그림)	시각: 하얗다, 동글다 청각: 사각사각, 뽀드득뽀드득 소리가 날 것 같다. 후각: 눈에서는 아무냄새도 안날거 같다. 미각: 차갑고 물맛 촉각: 차갑고, 손대면 녹고, 부드럽다.
(등대 그림)	시각: 파랗다, 넓다 청각: 파도소리, 등대가 있어서 뱃고동 소리 후각: 바다냄새, 비릿한 냄새 미각: 짠맛 촉각: 시원하다, 소금기가 마르면 따끔거린다.
(화산 그림)	시각: 붉게 활활타오르는 용암 청각: 불타는 소리가 날 것 같다. 후각: 뭔가 타는 냄새 미각: 맛볼 수 없다. 촉각: 만지볼 수 없지만 매우 뜨겁고, 식고나면 딱딱하다.

※ 시간제한 없이 하나의 사진을 보고 '오감각으로 표현하기'를 먼저 해 본 후, 다음 사진들에서는 시간을 제한해서 표현하게 한다.

🗨 사다리타기 1 p. 111

재원이가 좋아하는 운동은 무엇일까요? 손을 사용하지 않고 눈으로만 사다리를 타서 문제의 정답을 맞혀 봅시다.

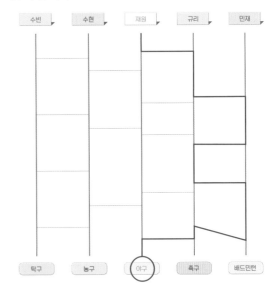

수빈 수현 재원 규리 민재

탁구 농구 야구 축구 배드민턴

💬 사다리타기 2 p.112

친구들이 좋아하는 과목은 무엇일까요? 손을 사용
하지 않고 눈으로만 사다리를 타서 문제의 정답을
맞혀 봅시다.

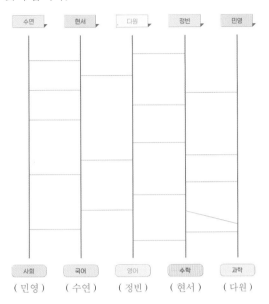

💬 사다리타기 3 p.113

보라가 좋아하는 음식은 무엇일까요? 손을 사용하
지 않고 눈으로만 사다리를 타서 문제의 정답을 맞
혀 봅시다.

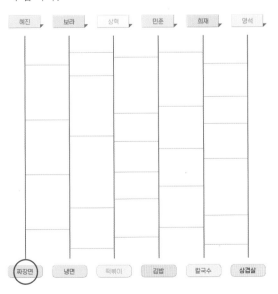

💬 미로 찾기 1 p.115

● 미로찾기(제한시간 1분)

💬 미로 찾기 2 p.116

● 미로찾기(제한시간 1분)

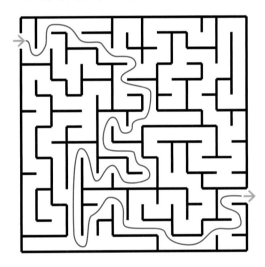

🗨 미로 찾기 3 p.117

● 미로찾기(제한시간 없음)

🗨 미로 찾기 4 p.118

● 미로찾기(제한시간 없음)

🗨 관련성 찾기 1 p.119

'?'에 적합한 그림은 어떤 것입니까? 어떤 이유로 그 그림을 선택했는지 말로 설명해 봅시다.

🗨 관련성 찾기 2 p.120

왼편의 그림과 관련이 있는 그림을 찾아보고, 어떤 관련성이 있는지 말로 설명해 봅시다.

🗨 관련성 찾기 3 p.121

왼편의 낱말과 관련이 있는 낱말을 찾아 동그라미 표시를 하고, 어떤 관련성이 있는지 말로 설명해 봅시다.

강아지 이유: 반려동물이라서	사자	(고양이)	코끼리
비둘기 이유: 둘 다 조류라서	(참새)	얼룩말	기린
코끼리 이유: 초식동물이라서	(기린)	사자	하이에나
참치 이유: 생선종류라서	개구리	(고등어)	도롱뇽
사자 이유: 육식동물이라서	소	돼지	(호랑이)
메뚜기 이유: 같은 곤충이니까	(사마귀)	까치	비둘기
모기 이유: 해충이기 때문에	꿀벌	개미	(파리)

🗨 관련성 찾기 4 p. 122

왼쪽의 낱말과 특성이 다른 낱말을 찾아 동그라미
표시를 하고, 어떤 점이 다른지 말로 설명해 봅시다.

펭귄	타조	(갈매기)	닭
다른 점: 모두 다 조류지만 펭귄, 타조, 닭은 날지 못하고 갈매기는 난다.			
야구공	(배드민턴공)	축구공	배구공
다른 점: 모두 다 공이지만 배드민턴공은 둥근 부분만 있는 건 아 니다.			
장화	우산	(선글라스)	우비
다른 점: 모두 다 비 오는 날에 쓰이는 물건이지만 선글라스는 아 니다.			
미끄럼틀	썰매	스키	(그네)
다른 점: 모두 다 미끄러짐을 이용해서 즐기는 건데 그네는 미끄러 짐은 없다.			
연필	(자)	볼펜	사인펜
다른 점: 모두 다 필기구지만 자는 필기구가 아니다.			

물	(얼음)	음료수	기름
다른 점: 모두 다 흐르는 액체이지만 얼음은 고체다.			
냄비	컵	(도마)	밥그릇
다른 점: 모두 다 뭔가를 담을 수 있는 그릇 종류지만 도마는 담지 는 못한다.			

🗨 관련성 찾기 5 p. 123

왼쪽의 낱말과 특성이 다른 낱말을 찾아 동그라미
표시를 하고, 어떤 점이 다른지 말로 설명해 봅시다.

병	창문	유리컵	(냄비)
다른 점: 모두 다 유리라서 깨질 수 있지만, 냄비는 유리가 아니다.			
어항	(수영장)	돼지우리	새장
다른 점: 어항, 돼지 우리, 새장은 모두 동물이 사는 곳이지만 수영 장은 아니다.			
장갑	머플러	외투	(수영복)
다른 점: 모두 추울 때 필요한 물건이지만 수영복은 아니다.			
튜브	풍선	농구공	(야구공)
다른 점: 튜브, 풍선, 농구공은 공기를 불어넣어야 쓸 수 있는데 야 구공은 아니다.			
비누	샴푸	주방세제	(방향제)
다른 점: 비누, 샴푸, 주방세제는 씻어 내는 데 필요한 세정제지만 방향제는 세정의 효과는 없고 향기만 있다.			
하마	(곰인형)	호랑이	참새
다른 점: 하마, 호랑이, 참새는 동물이고, 곰인형은 동물이 아닌 완 구다.			
개미	메뚜기	사마귀	(올챙이)
다른 점: 개미, 메뚜기, 사마귀는 곤충이고 올챙이는 양서류다.			

관련성 찾기 6 p.124

다음 단어들 중 특성이 다른 낱말을 찾아 동그라미 표시를 하고, 어떤 점이 다른지 말로 설명해 봅시다.

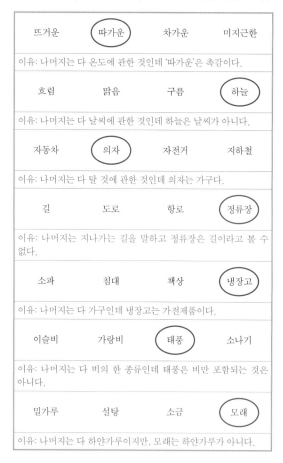

뜨거운	(따가운)	차가운	미지근한
이유: 나머지는 다 온도에 관한 것인데 '따가운'은 촉감이다.			
흐림	맑음	구름	(하늘)
이유: 나머지는 다 날씨에 관한 것인데 하늘은 날씨가 아니다.			
자동차	(의자)	자전거	지하철
이유: 나머지는 다 탈 것에 관한 것인데 의자는 가구다.			
길	도로	항로	(정류장)
이유: 나머지는 지나가는 길을 말하고 정류장이 길이라고 볼 수 없다.			
소파	침대	책상	(냉장고)
이유: 나머지는 다 가구인데 냉장고는 가전제품이다.			
이슬비	가랑비	(태풍)	소나기
이유: 나머지는 다 비의 한 종류인데 태풍은 비만 포함되는 것은 아니다.			
밀가루	설탕	소금	(모래)
이유: 나머지는 다 하얀가루이지만, 모래는 하얀가루가 아니다.			

규칙 찾기 1 p.125

다음 그림들이 어떤 규칙으로 변화하는지 살펴보고, '?'에 어떤 그림이 와야 하는지 찾아봅시다.

※ 그림들이 어떤 규칙으로 나열되어 있는지 먼저 말로 설명하게 한다.

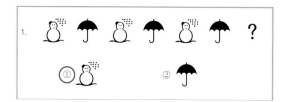

1.

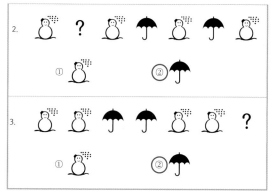

2.

3.

규칙 찾기 2 p.126

다음 그림들이 어떤 규칙으로 변화하는지 살펴보고, '?'에 어떤 그림이 와야 하는지 찾아봅시다.

※ 그림들이 어떤 규칙으로 나열되어 있는지 먼저 말로 설명하게 한다.

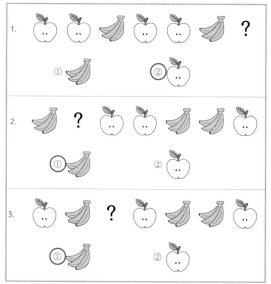

1.

2.

3.

규칙 찾기 3 p.127

다음 도형들이 어떻게 변화하는지 살펴보고 '?'에 어떤 도형이 와야 하는지 찾아봅시다.

※ 그림들이 어떤 규칙으로 나열되어 있는지 먼저 말로 설명하게 할 것

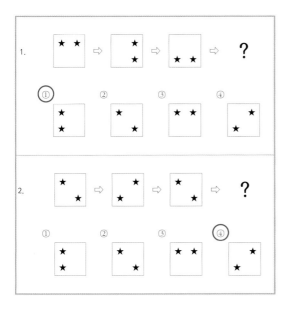

1.

① ② ③ ④

2.

① ② ③ ④

● 규칙 찾기 4 p.128

다음 도형들이 어떻게 변화하는지 살펴보고 '?'에
어떤 도형이 와야 하는지 찾아봅시다.

※ 그림들이 어떤 규칙으로 나열되어 있는지 먼저 말로 설명
하게 한다.

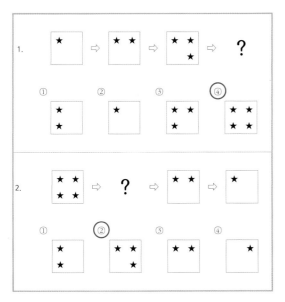

1.

① ② ③ ④

2.

① ② ③ ④

● 규칙 찾기 5 p.129

다음 도형들이 어떻게 변화하는지 살펴보고 '?'에
어떤 도형이 와야 하는지 찾아봅시다.

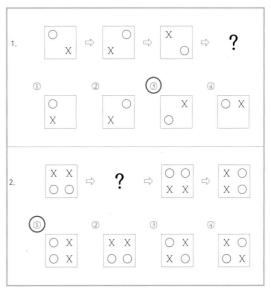

1.

① ② ③ ④

2.

① ② ③ ④

● 규칙 찾기 6 p.130

다음 규칙에 적합한 모양을 찾아 ○표 해 봅시다.

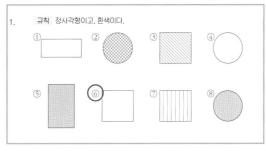

1. 규칙 정사각형이고, 흰색이다.

① ② ③ ④
⑤ ⑥ ⑦ ⑧

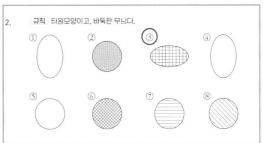

2. 규칙 타원모양이고, 바둑판 무늬다.

① ② ③ ④
⑤ ⑥ ⑦ ⑧

🧠 규칙 찾기 7 p. 131

다음 규칙에 적합한 모양을 찾아 ○표 해 봅시다.

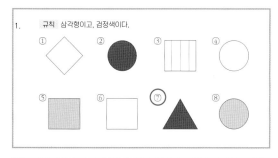

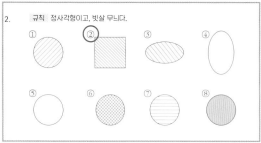

🧠 규칙 찾기 8 p. 132

다음 도형들이 어떻게 변화하는지 살펴보고 '?'에 어떤 도형이 와야 하는지 찾아봅시다.

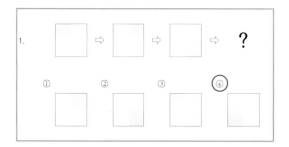

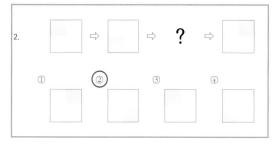

🧠 규칙 찾기 9 p. 133

각 줄의 그림들 중에서 나머지 넷과 규칙의 특성이 다른 하나를 찾아보고, 어떤 점이 다른 지 말로 설명해 봅시다.

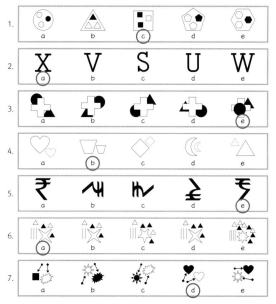

* 각 줄의 그림들 중에서 나머지 넷과 규칙의 특성이 다른 하나가 어떤 점에서 다른지에 대한 설명은 다음과 같습니다. 여기에 제시된 이유 이외에 아동이 제시하는 규칙이 맞다면 인정할 수 있습니다.

1. a~e까지의 큰 다각형 안에는 세 개의 모양이 들어있다. a, b, d, e는 큰 다각형 안쪽의 세 개 모양 중에서 한 개씩만 검게 칠해진 상태인데, c만 두 개 모양이 칠해져 있다.

2. b, c, d, e 모두 한 줄로 긋기가 가능하지만 1의 경우 시작점이 두 번이다. 나머지는 연필을 떼지 않고 쓸 수 있는 반면 a는 연필을 뗐다가 다시 써야 한다.

3. a, b, c, d는 모두 더하기 표시 뒤에 모양이 위치하고 있지만 e의 경우 더하기 표시 앞에 원이 위치하고 있다.

4. a, c, d, e는 큰 도형 하나와 그 도형과 모양은 동일하지만 크기가 더 작고 테두리가 점선으로 처리되어 있는 모양 둘로 이루어져 있다. 그러나 b는 크기와 모양은 규칙에 맞지만 작은 모양의 테두리가 점선이 아닌 실선이다.

5. a, b, c, d는 같은 도형을 방향만 돌려 본 것이지만, e는 돌린 모양이 아니라 뒤집은 모양이다.

6. 가운데 별모양의 뾰족한 부분의 수대로 세모가 그려져 있고 왼편 막대모양의 수만큼 삼각형에 색칠이 되어 있는데 a의 경우는 막대모양이 3개이므로 세모가 3개에 칠해져야 한다.

7. 검게 색칠이 되어 있는 모양은 모두 끝에 원이 달린 화살표지만 색칠이 없는 모양은 끝에 네모가 달린 화살표다. d는 색칠이 없는 하트모양에 네모가 아니라 원이 달려 있고, 색칠이 되어 있는 하트에 원이 아니라 네모가 달려 있기 때문에 규칙에 맞지 않는다.

🧠 규칙 찾기 10 p.134

'?'에 적합한 그림은 어떤 것입니까? 어떤 이유로 그 그림을 선택했는지 말로 설명해 봅시다.

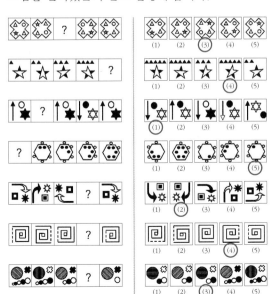

* 각 줄의 그림들 중에서 나머지 넷과 규칙의 특성이 다른 하나가 어떤 점에서 다른지에 대한 설명은 다음과 같습니다. 여기에 제시된 이유 이외에 아동이 제시하는 규칙이 맞다면 인정할 수 있습니다.

1. 큰 도형이 시계방향으로 회전하고 있으므로 안쪽의 작은 모형들도 고정된 채로 시계방향으로 위치가 바뀌고 있어서 (3)이 답이다.

2. 위의 세모의 수가 1개씩 커지고, 별의 색칠은 한 방향으로 이동하고 있다. 세모의 수는 5개여야 하고, 별의 칠해진 모서리도 d처럼 색칠되어야 한다.

3. 화살표는 위아래가 번갈아 가면서, 뾰족한 모양은 색칠이 되고 안 되고가 교대로, 원 모양도 색칠이 되고 안 되고가 교대로 나타난다. 그러므로 화살표는 아래, 원 모양에는 색칠이 되어 있어야 하고, 뾰족한 모양은 색칠되어 있지 않아야 규칙에 적합하다.

4. 육각형 안 점의 숫자가 하나씩 커지고 있으며, 육각형의 바깥쪽에 붙어 있는 원의 숫자는 하나씩 줄어 가고 있다. 육각형 안의 점들은 왼쪽 상단에서부터 시작되므로 규칙에 더 적합한 것은 (3)이 아니라 (5)다.

5. 화살표는 칠과 칠하지 않음이 반복되면서 시계방향으로 회전하고 있으며, 화살표를 받는 뾰족한 모양의 색깔은 칠과 칠하지 않음이 반복되어 있고, 네모 안에 있는 칠이 된 작은 네모가 교대로 들어 있기 때문에 (2)가 맞다.

6. 도형자체가 시계방향으로 회전하고 있으며 바깥쪽부터 선이 꺾일 때마다 선이 점선으로 나타나므로 답은 (4)다.

7. 가장 아래쪽의 애벌레 모양 동그라미들은 숫자가 하나씩 줄고 있으며 길게 연결된 원모양의 첫 번째 원은 칠해지지 않은 원으로 시작한다. 왼

편 상단의 큰 원의 줄무늬는 서로 반대되는 직각
의 방향으로 빗금이 쳐져 있기 때문에 두 번째의
직선모양이 4번째에서는 수평선 모양이어야 한
다. 또, 오른편 상단의 모양은 칠과 칠하지 않음
이 반복되어 있으므로 칠하지 않은 모양이 규칙
이 맞다. 그러므로 (3)이 답이다.

🗣 순서 찾기 1 p. 135

먼저 일어난 일과 나중에 일어난 일의 순서를 아는
활동입니다.

● 다음을 그린 순서에 따라 번호로 이어서 적어
봅시다.

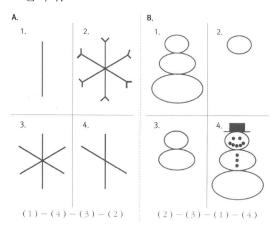

A.
(1) – (4) – (3) – (2)

B.
(2) – (3) – (1) – (4)

🗣 순서 찾기 2 p. 136

먼저 일어난 일과 나중에 일어난 일의 순서를 아는
활동입니다. 다음을 자라는 순서에 따라 번호로 이
어서 적어 봅시다.

A.
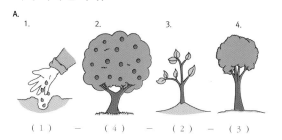
(1) – (4) – (2) – (3)

B.
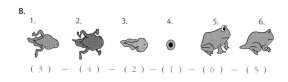
(3) – (4) – (2) – (1) – (6) – (5)

🗣 순서 찾기 3 p. 137

먼저 일어난 일과 나중에 일어난 일의 순서를 아는
활동입니다. 다음은 날짜의 변화를 나타낸 것입니
다. 빈 칸을 채워 넣어 봅시다.

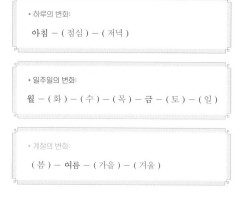

• 하루의 변화:
아침 – (점심) – (저녁)

• 일주일의 변화:
월 – (화) – (수) – (목) – 금 – (토) – (일)

• 계절의 변화:
(봄) – 여름 – (가을) – (겨울)

🗣 순서 찾기 4 p. 138

먼저 일어난 일과 나중에 일어난 일의 순서를 아는
활동입니다. 다음에 제시한 상황을 순서에 따라 번
호로 이어서 적어 봅시다.

상황: 이를 닦아요. ※ 아동의 습관에 따라 ①과 ④의 순서가 바뀔 수 있습니다.			
① 칫솔을 깨끗이 닦아서 칫솔 보관통에 넣습니다.	② 칫솔에 치약을 바릅니다.	③ 치약을 바른 칫솔로 윗니와 아랫니를 깨끗이 닦습니다.	④ 물로 입을 잘 헹굽니다.
(2) – (3) – (4) – (1)			

상황: 심한 기침 감기에 걸렸어요.			
① 병원에 갔다.	② 처방전을 받았다.	③ 의사선생님께 진찰을 받았다.	④ 약국에 가서 약을 지었다.
(1) – (3) – (2) – (4)			

상황: 길을 가다가 목이 말라서 편의점에 가서 물을 샀습니다.			
① 시원한 물을 마셨다.	② 계산대 앞에서 줄을 서서 기다렸다가 계산을 했다.	③ 냉장고를 열고 여러 가지 물 중에서 늘 먹던 생수를 골랐다.	④ 편의점에 들어갔다.
(4) - (3) - (2) - (1)			

순서 찾기 5 p.139

먼저 일어난 일과 나중에 일어난 일의 순서를 아는 활동입니다. 다음에 제시한 상황을 순서에 따라 번호로 이어서 적어 봅시다.

상황: 세탁기로 빨래를 하려고 한다.			
① 빨래를 건조대에 넣었다.	② 빨랫감을 세탁기 통 안에 집어넣었다.	③ 세제를 넣고 세탁기의 버튼을 눌러 빨래를 시작했다.	④ 마지막으로 빨래를 탈수시켰다.
(2) - (3) - (4) - (1)			

상황: 등굣길에 횡단보도를 건너가려고 합니다.			
① 횡단보도 앞에 멈춘다..	② 횡단보도를 건너갑니다.	③ 차가 완전히 멈췄는지 좌우를 살펴봅니다.	④ 신호등에 초록불에 켜질 때까지 기다립니다.
(1) - (4) - (3) - (2)			

상황: 패스트푸드점에서 햄버거를 사려고 합니다.			
① 계산대 앞으로 가서 선택한 햄버거와 음료수를 말하고 값을 치릅니다.	② 메뉴를 보고 원하는 햄버거와 음료수를 고릅니다.	③ 패스트푸드점에 들어갑니다.	④ 준비된 햄버거와 음료수를 받아와서 맛있게 먹습니다.
(3) - (2) - (1) - (4)			

순서 찾기 6 p.140

먼저 일어난 일과 나중에 일어난 일의 순서를 아는 활동입니다. 다음에 제시한 상황을 순서에 따라 번호로 이어서 적어 봅시다.

상황: 라면을 끓이려고 한다.			
① 라면봉지에 적힌 시간만큼 끓인 후에 불을 끄고 그릇에 옮겨 먹습니다.	② 물이 끓으면 면과 스프를 넣습니다.	③ 적당한 크기의 냄비에 라면봉지에 적힌 양만큼의 물을 붓습니다.	④ 물이 들어있는 냄비를 가스레인지에 올려놓고 불을 켭니다
(3) - (4) - (2) - (1)			

상황: 놀이공원에서 놀이기구를 타려고 합니다.			
① 내가 선택한 놀이기구에 가서 줄을 선 후 표를 내고 놀이기구를 탑니다.	② 내가 타고 싶은 놀이기구의 매표소를 찾습니다.	③ 매표소에 붙여놓은 안내문을 읽고 탑승료와 탑승조건을 확인합니다.	④ 내가 선택한 놀이기구를 말하고 탑승료를 지불한 후 표를 받습니다.
(2) - (3) - (4) - (1)			

상황: 도서관에 가서 필요한 책을 빌리려고 합니다.			
① 메모지에 적힌 번호를 들고 해당 번호의 책장을 찾아 책을 찾습니다.	② 검색해서 책의 제목과 책의 위치를 메모지에 적습니다.	③ 찾은 책을 들고 대출데스크에 가서 대출합니다.	④ 도서관 검색대에서 컴퓨터를 이용하여 필요한 책이 있는지 검색합니다.
(4) - (2) - (1) - (3)			

문제해결 1 p.141

- 동물 그림은 모두 몇 개 입니까? 42개
- 동물은 모두 몇 종류입니까? 15종류
- 가장 숫자가 많은 동물은 무엇입니까? 사자 6마리
- 복사해서 동물 각각을 모두 잘라 낸 후 펼쳐 놓고 정해진 시간 안에 같은 동물끼리 모아 봅시다 (제한시간: 1분 30초). 분류하기 전에 전체적으로 훑어보고, 어떤 방법으로 모을지 이야기한 후 분류해 봅시다. 분류에 걸리는 시간의 변화를 기록해 봅시다.

※ 모두 오려 낸 후 그림이 바닥으로 가도록 뒤집어 놓는다. 2개의 그림을 뒤집어서 같은 그림일 경우 자기가 가져가고, 서로 다를 경우에는 그림을 나머지 사람들에게 보여 주고 그 자리에 다시 뒤집어 놓는다. 이렇게 기억력 게임에 활용할 수도 있다.

문제해결 2 p. 142

다음 그림에서 ⇔는 모두 몇 개 인가요? 먼저 대략 훑어보는 시간을 주고, 어떤 방법으로 수를 셀 것인지에 대한 계획을 이야기하고 나서 세기 시작해 봅시다. 답: 28개

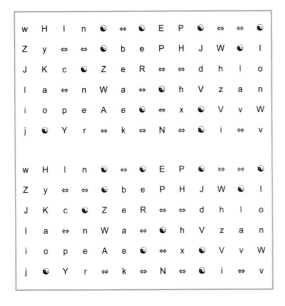

암호 풀기 1 p. 143

다음의 한글자음은 숫자로, 모음은 원그림으로 암호를 정했습니다. 이 규칙을 써서 보기와 같이 암호를 풀어 봅시다.

①	②	③	④	⑤	⑥	⑦
ㄱ	ㄴ	ㄷ	ㄹ	ㅁ	ㅂ	ㅅ
⑧	⑨	⑩	⑪	⑫	⑬	⑭
ㅇ	ㅈ	ㅊ	ㅋ	ㅌ	ㅍ	ㅎ

⊘	⊖	⊕	⊞	⊗	⊗	◎
ㅏ	ㅑ	ㅓ	ㅕ	ㅗ	ㅛ	ㅜ
●	◁	○°				
ㅠ	ㅡ	ㅣ				

〈보기〉
②◠(나), ⑤◎④ → (물)

오른쪽 단 상단

- ⑩◠② / ⑪◎ → (친) / (구)
- ⑦◯ / ④◠⑧ → (사) / (랑)
- ⑭◠① / ①◎ → (학) / (교)
- ⑦①② ⑦◯◠⑧ ②◠◯⑤ → (선) / (생) / (님)

암호 풀기 2 p. 144

다음의 한글자음은 숫자로, 모음은 원그림으로 암호를 정했습니다. 이 규칙을 써서 암호를 풀어 봅시다.

①	②	③	④	⑤	⑥	⑦
ㄱ	ㄴ	ㄷ	ㄹ	ㅁ	ㅂ	ㅅ
⑧	⑨	⑩	⑪	⑫	⑬	⑭
ㅇ	ㅈ	ㅊ	ㅋ	ㅌ	ㅍ	ㅎ

⊘	⊖	⊕	⊞	⊗	⊗	◎
ㅏ	ㅑ	ㅓ	ㅕ	ㅗ	ㅛ	ㅜ
●	◁	○°				
ㅠ	ㅡ	ㅣ				

- ②◠   ②◁②   ⑩◠⑤   ⑤①⑦   ⑨◠②
  (나)   (는)   (참)   (멋)   (진)
  ⑦◯   ④◠⑤   ⑧◯⑥   ②◯   ③◠
  (사)   (람)   (입)   (니)   (다).

- ②①   ④◁④   ⑤◠②   ②◠   ⑦①
  (너)   (를)   (만)   (나)   (서)
  ②①   ⑤◎   ⑨②⑭   ⑧◯⑦◯   ⑧①
  (너)   (무)   (좋)   (았)   (어).

암호 만들기 2 p. 146

다음의 한글자음은 숫자로, 모음은 원그림으로 암호를 정했습니다. 이 규칙을 써서 다음의 낱말들을 암호로 바꿔 봅시다.

①	②	③	④	⑤	⑥	⑦
ㄱ	ㄴ	ㄷ	ㄹ	ㅁ	ㅂ	ㅅ
⑧	⑨	⑩	⑪	⑫	⑬	⑭
ㅇ	ㅈ	ㅊ	ㅋ	ㅌ	ㅍ	ㅎ

⊘	⊖	⊕	⊞	⊗	⊗	◎
ㅏ	ㅑ	ㅓ	ㅕ	ㅗ	ㅛ	ㅜ
●	◁	○°				
ㅠ	ㅡ	ㅣ				

● 다음 문장을 암호로 나타내 봅시다.
(⑧⊗)　　(②⊗④)　　(①◯)　　(⑥◎②)　　(⑧◯)
　(오)　　　　(늘)　　　　(기)　　　　(분)　　　　(이)
(②①)　　(⑤◎)　　(⑨⊗⑭)　　(⑧◟⑦⑦)　(⑧①)
　(너)　　　　(무)　　　　(좋)　　　　(았)　　　　(어)

● 내가 쓰고 싶은 문장 → (　　　　　　　　　　　　　)

박현숙(Park Hyun-suk)

성균관대학교 대학원 아동심리 및 교육 전공 석·박사 졸업

서울시 경계선지능아동지원 사회성과보상사업 슈퍼바이저

서울 탑마음클리닉 인지학습치료사

한양여자대학교 아동복지과 강사

현 경계선지능연구소 느리게크는아이 연구소장

　　아동심리상담센터 I(아이) 센터장

　　보건복지부 경계선지능아동지원사업 교육강사 및 슈퍼바이저

　　아동권리보장원 아동자립심의위원

〈저역서 및 연구보고서〉

『경계선 지적 지능 아동의 양육을 위한 가이드북』(공저, 2014, 한국
보건복지인력개발원)

『느린 학습자의 심리와 교육』(역, 2013, 학지사)

「경계선 지능 아동 조기선별도구 개발연구 보고서」(공동, 2020, 보
건복지부 아동권리보장원)

「경계선 지능 아동 자립지원체계연구: 사업효과성 보고서」(공동,
2017, 한국보건복지인력개발원 아동자립지원단)

「경계선 지능 아동지원사업: 참여아동 실태조사」(공동, 2017, 한국
보건복지인력개발원 아동자립지원단)

「서울시 그룹홈 경계선지능 아동·청소년 사회성과 연계채권 도입
학술연구」(2014, 서울시 그룹홈협의회)

경계선 지능 아동 · 청소년을 위한

느린 학습자 인지훈련 프로그램 ❶

작업기억 · 기억력 · 행동억제 · 집행력
Slow Learner's Cognitive Training Program

2021년 1월 20일 1판 1쇄 발행
2024년 8월 20일 1판 9쇄 발행

지은이 • 박 현 숙
펴낸이 • 김 진 환
펴낸곳 • ㈜ **학지사**

　　　　04031 서울특별시 마포구 양화로 15길 20 마인드월드빌딩 5층
대표전화 • 02) 330-5114　　　팩스 • 02) 324-2345
등록번호 • 제313-2006-000265호
홈페이지 • http://www.hakjisa.co.kr
인스타그램 • https://www.instagram.com/hakjisabook

ISBN 978-89-997-2239-4　94370
ISBN 978-89-997-2238-7　94370(set)

정가 15,000원

출판미디어기업 **학지사**

간호보건의학출판 **학지사메디컬** www.hakjisamd.co.kr
심리검사연구소 **인싸이트** www.inpsyt.co.kr
학술논문서비스 **뉴논문** www.newnonmun.com
원격교육연수원 **카운피아** www.counpia.com
대학교재전자책플랫폼 **캠퍼스북** www.campusbook.co.kr